Wien wertvoll
bedroht und behütet

Margret Wenzel-Jelinek

Margret Wenzel-Jelinek

Wien wertvoll
bedroht und behütet

Bild-Dokumentation mit Beiträgen von
Otto Brusatti, Hermann Friedsam,
Hermann Knoflacher,
Hans Knoll, Johann Kräftner,
Helga Kromp-Kolb, Martina Kuso,
Gerhart Langthaler, Andrea Maier-Rau,
Gustav Peichl, Hans Petschar
Rudolf Zunke

„Kaptial Wald" und „Wien wertvoll",
beide angeregt von meinem Sohn Andreas

Impressum

ISBN 978-3-222-13488-3

Wien – Graz – Klagenfurt

© **by Margret Wenzel-Jelinek, Wien 2014**

Styria premium in der
Verlagsgruppe Styria GmbH & Co KG

Konzept und Gestaltung: Gerhart Langthaler
Lektorat: Dr. Theresia Klugsberger, Mag. Bettina Langthaler
Sekretariat, Bildbearbeitung und Erstellung
der Druckvorstufe: Andrea Maier-Rau

Druck und Bindung: Ueberreuter Print GmbH, 2100 Korneuburg
Printed in Austria

Bücher aus der Verlagsgruppe Styria gibt es
in jeder Buchhandlung

7 6 5 4 3 2 1

Alle Rechte für Bild und Text vorbehalten,
einschließlich der Wiedergabe in elektronischen Medien.

Inhalt

Margret Wenzel-Jelinek:
Kontroversiell: Meine Liebe zu Wien — 16

Gerhart Langthaler:
Plädoyer für eine kleine feine Metropole — 22
Einzig die Schönheit beweist die Wahrheit — 26
... es ist all's nur Schimäre, aber mich unterhalts — 36

Hans Petschar:
Wissen als Ausdruck der Macht — 44

Hans Knoll:
Wien und seine fortwirkende Strahlkraft — 54

Hermann Friedsam:
Stadt der Metamorphosen, Metamorphosen der Stadt — 66

Martina Kuso:
Wiener Zahlenspektakel — 74

Rudolf Zunke:
UNESCO-Weltkulturerbe und Historisches Stadtzentrum — 80

Otto Brusatti:
Die Klangkapitale, oder auch schlicht: Eros und Thanatos — 90

Johann Kräftner:
Eine Offenbarung — 136

Gustav Peichl:
Ein Interview: Wien aufgestockt: Aber wie? — 163
Architektur und Gesellschaft — 164

Hermann Knoflacher:
Stadtentwicklung statt Stadtveränderung — 166

Helga Kromp-Kolb:
Wetter, Luft und Klima in Wien — 230

Anhang — 270
Danksagung
Autorenportraits
Literaturverzeichnis
Abbildungsverzeichnis

Nicht unseren Vorvätern
wollen wir uns
würdig erweisen,
nein: Unseren Enkelkindern!

Bertha von Suttner

Margret Wenzel-Jelinek
Kontroversiell: Meine Liebe zu Wien

Gesehen und gefühlt mit meinem dritten Auge, der Kamera

Ich liebe Wien am frühen Morgen, wenn die filigranen Türme der Gotik und die grünen Kuppeln des Barock langsam aus den nächtlichen Nebeln aufsteigen.

Ich liebe Wien zu Mittag, wenn sich die Stadt weiß silbrig gleißend, vom steilen Licht fast flachgedrückt, unter meinem Fenster darbietet.

Ich liebe Wien am späten Nachmittag und am frühen Abend, wenn die Stadt von der tief stehenden Sonne in Rot und Gold getaucht, mit langen, prägenden Schatten jedes einzelne Haus detailreich sichtbar macht.

Ich liebe Wien auch in der späten Dämmerung, wenn die Lichter einzeln aufblitzen, sich funkelnde Straßenzüge den Wilhelminenberg und Kahlenberg hinaufziehen und wichtige Gebäude in greller Beleuchtung ihre Fassaden zeigen.

Ich liebe Wien, wenn ich bei einem der malerischen Vororte lande oder in einem der immer noch kleinen, stillen Heurigen sitze.

Und ich liebe Wien, wenn der Wind über die Stadt braust, die Nebel lichtet und die Luftqualität der Stadt, mehr als anderswo, sich wieder um vieles verbessert.

Ich liebe den weitläufigen Lainzer Tiergarten, mit dem kleinsten Urwald Österreichs, wo 600 Jahre alte Eichen ihrer bedrohten Zukunft entgegensehen.

Ich liebe das Grün des Praters, des Stadtparks, unsere Villenviertel und Vororte mit wohlbehüteten Resten hoher Bäume und blühender Sträucher.

Ich liebe unsere bis in die kleinsten Bereiche gelebte Kultur, das lebendige Gespräch mit den Nachbarn, mit Menschen, die mir durch Zufall auf unseren Straßen, in kleinen nahegelegenen Beisln und in meinem Café begegnen. Diese typischen Wiener Café-Konditoreien mit ihrer besonderen Atmosphäre, den leichten, duftigen Mehlspeisen, dem warmen Apfelstrudel, Kaiserschmarren und die Marillenknödel.

Noch einmal: Ich liebe gute Gespräche, ich liebe die Sprache und die Menschen, die mit ihr vertraut sind. Die mit den Herzen weit, mit den Sinnen frei, mit dem Kopf im nächsten Abenteuer und mit dem Geist schon in der Zukunft sind. Menschen, die ohne Einschränkung und Manipulation in ihrer Sprache eindeutig und wahrhaft sind, in jeder Hinsicht frei wie ein Vogel über den Bergen und dennoch mit den Füßen fest verbunden, verwurzelt in der Erde und dem Boden in Wien, unserer Stadt.

Wenn der Blick über die Augustinerkirche hin zur barocken Kuppel der Peterskirche schweift, stolpert er über zwei halbrunde Dachaufbauten, die fremd im Ensemble stehen. Hier wurden Luxuswohnungen errichtet, hieran entzündet sich die Diskussion: Wie viele Eingriffe hält die Wiener Dachlandschaft aus, ohne in Widerspruch zum geschützten Kulturerbe zu geraten?

Ich liebe Wien nicht, wenn die Straßenschluchten unserer Stadt immer tiefer und dunkler werden, Tausende von Wohnungen keine Sonne mehr bekommen, weil monströse Beton-, Glas- und Blechaufbauten die ehemals braunrote, ruhige Dachlandschaft aufreißen und über alte Strukturen dominieren.

Ich liebe Wien nicht, wenn überproportionale Glas- und Betonbauten nicht nur Gotik und Barock, sondern auch den märchenhaften Jugendstil einengen und allmählich zudecken.

Ich liebe Wien nicht, wenn kleine architektonische Schätze, von Wolkenkratzern umringt, in ihrer Einzigartigkeit gleichsam erwürgt werden.

Ich liebe Wien nicht, wenn diese unsere Straßen, die wir über Jahrzehnte aus dem Schutt aufgebaut und gewartet haben, immer enger werden. Der Strom zahlloser Autos immer lauter, wilder den ehemals ruhigen Fluss unseres Stadtverkehrs verändert.

Ich liebe Wien nicht, wenn auf unseren – ehemals als sauber geltenden – Straßen trotz aller Mühen der Stadtverwaltung Blechdosen, Papier und Hundekot einander abwechseln.

Ich liebe Wien nicht, wenn Hörner und Signale, die Sirenen der Polizei, der Feuerwehr und der Sanität stündlich anzeigen, dass in unserer Stadt ständig Menschen in Gefahr sind.

Ich liebe Wien nicht, wenn die Parks mit riesigen, fünf Meter hohen Käfigen bestückt, mit Flutlicht beleuchtet sind, um wilde junge Menschen in ihrem ungezügelten Bewegungsdrang einzudämmen.

Ich liebe Wien nicht, wenn die ehemals ruhige und friedliche Stimmung, die über der Stadt lag, in wüstes Geschrei Einzelner oder von Gruppen umschlägt.

Ich liebe Wien nicht, wenn wieder einmal, wie so oft, der Ring für den Verkehr gesperrt und zu einer grünen Plastikwiese umfunktioniert wird, wo Menschen, die anscheinend alle Zeit der Welt haben, mit Sack und Pack und Thermos, ihr Picknick veranstalten. Sehen wir so in Zukunft die Freizeit unserer Jugend und Kinder?

Und ich liebe Wien nicht, wenn ganze Viertel aus Plattenbauten entstehen, wie wir sie früher kilometerlang in Brünn gesehen und belächelt haben.

Das Lachen wird uns noch vergehen, wenn unsere Jungen die Neubauten mit Zwischenwänden, aufgebaut auf 40 bis 60 cm Stahlprofilen, ausgekleidet mit Baukarton, hinterfüllt mit Altpapierschnitzeln und mit flüssigem Beton verfestigt, bewohnen werden. Diese, angeblich nach neuesten EU-Richtlinien gebauten und verkleideten Silos verhindern durch zusätzliche Schwingungen das gesunde Wohnklima. Mit dieser Bauweise zerstören wir sehenden Auges die von allen erwünschte Wohnqualität.

Ich liebe unsere Kleinsten, wenn sie von ihrem Kindergarten ausgehend gut behütet in Zweierreihen Hand in Hand die nächstliegenden Straßen und Parks erkunden.

Im Dienst der Stadt, die nachhaltig verändert wird

Seit 30 Jahren fotografiere ich aus 70 Meter Höhe meine Stadt. Bei Sonne und Regen, bei Wind und Sturm, bei Nebel und Schnee, auch in der Nacht. Anfangs analog, seit geraumer Zeit mit digitaler Technik.

Die frühen digitalen Aufnahmen sind in der Qualität allerdings unterschiedlich zur heutigen Technik.

Das teils historische Bildmaterial stellt Wien auf den Prüfstand. Die traditionsreiche Stadt unterliegt gegenwärtig einer besorgniserregenden Veränderung. Wie überall ist städtischer Boden rar und extrem teuer.

Folglich wird, wo nur möglich, aufgestockt. Namhafte Architekten beklagen die, uns überlieferten, jetzt aufgerissenen und zerstörten Dachlandschaften. Hochhäuser im Stil der Zeit zerstückeln die liebenswerte Silhouette Wiens durch ungeplante Beliebigkeit. Ich zeige die Stadt nicht nur in allen Witterungslagen, sondern vor allem in ihrer sukzessiven Veränderung. Gleichsam über Nacht verschwinden charakteristische Ansichten. Unversehens hat der Stephansdom optisch einen Buckel, ist die Hofburg zugedeckt. Durch den filigranen Turm der Maria am Gestade leuchtet nicht mehr der Himmel, vielmehr bildet nun das riesige Dach eines Bürokomplexes den schmucklosen Hintergrund.

Viele meiner Fotos zeigen, was es bedeutet, wenn Wien den zersplitterten Interessen einer wachsenden Gesellschaft ausgeliefert wird.

Sosehr die Bedürfnisse Einzelner oder von Gruppen verständlich sind, ob bei Dachausbau oder Errichtung eines effizienten Bürokomplexes, sosehr schreit das vielgerühmte Weltkulturerbe nach einer langfristig überlegten Planung, die das Alte bewahrt und das Neue harmonisch einfügt. Hier begegnen einander meine persönlichen Anliegen mit denen zahlreicher Kulturschaffender und -liebhaber, denen es auch darum geht, den einmaligen Charakter dieser mitteleuropäischen Metropole – bei aller notwendigen Aktualisierung – zu erhalten.

Ich liebe Wien, wenn die Dächer im ersten Frühlicht vom Raureif schimmern. Ich liebe Wien, wenn der Herbstnebel die höchsten Bauten verhüllt und der Glanz traditionsreicher Stadtteile noch einmal zum Vorschein kommt. Meine Arbeiten zeigen beides, das von mir geliebte Wien und jenes, dass ich erhalten und in Zukunft für glückliche Menschen gestaltet haben möchte.

Blickrichtung Innere Stadt

Gerhart Langthaler
Plädoyer für eine kleine feine Metropole

Manche Leute behaupten, es gäbe schon genug Bücher über Wien. Hier handelt es sich aber um einen Bild-Text-Band für Wien. Das macht einen erheblichen Unterschied. Folglich lässt sich fragen: Braucht eine ehrwürdige Stadt wie Wien Fürsprecher? Ja, denn in Phasen tiefgreifender Veränderungen, in der sich die riesige Weltbevölkerung in Städten zusammenrottet, wird das System Stadt grundlegend fragwürdig und bedarf neuer Parameter der Planung. Lässt sich eine Stadt tatsächlich planen? Es stimmt, manche Städte sind am Reißbrett entstanden, Wien nicht. Diese Stadt hat also den Vorzug, allmählich gewachsen zu sein, mal sinnvoll organisch, mal chaotisch, je nach Relation von Macht, Kapital und Bedarf.

Verglichen mit den Megastädten anderer Kontinente erscheint Wien als angenehmes „Städtchen" in der Mitte Europas. Während in China Millionenstädte aus dem Boden schießen, diskutiert man in Wien über den Zuzug einiger Tausend Menschen und wie man sie am besten integriert. Was bleibt zu tun, um die Ansammlung dieser Gebäude mit vielerlei Kulturen nicht in einer gewissen Bedeutungslosigkeit versinken zu lassen?

Was für ganz Europa gilt, trifft in besonderem Maß für Wien zu: was in Zukunft mehr denn je zählt, ist das geistige Potenzial. Wenn es gelingt, ein Hort der Innovation zu werden, von dem geistige Strömungen ihren Ausgang nehmen, dann wird man weiter von einer Metropole sprechen können. Die wahre Polis ist jene Stadt, die in der Mitte ihrer Bedeutung liegt und somit den Ton angibt.

Wien kann auf Phasen zurückblicken, in denen Entwicklungen hier ihren Ursprung gefunden haben; beispielsweise in der Medizin, auf jeden Fall in der Musik, aber auch in der Diplomatie oder im Design.

Dieses Buch ist nicht der Ort, die Geschichte Wiens aufzurollen. Hier handelt es sich um eine Bilanz in Bildern. Das sichtbare Haben wiegt schwer, es leitet sich von einer tausendjährigen Tradition ab. Wien, man muss es leider sagen, lag und liegt oft im Schatten seiner Tradition. Die Werte der Vergangenheit bedürfen keiner großmächtigen Aufzählung. Das Soll hingegen erfordert eine offene Diskussion: Wie präsentiert sich die Stadt in zehn oder fünfzig Jahren? Worauf werden Enkel und Urenkel mit Stolz hinweisen, wenn jemand kommt, um die Stadt zu bewundern und Impulse erkundet, die von Wien ihren Ausgang genommen haben?

Wien ist eine Stadt des Hörens, weniger des Sehens. Wer die Graffiti, die an U-Bahn-Wänden und Durchlässen zu finden sind, mit denen anderer Städte vergleicht, versteht, dass hier die Klangfarbe zählt und nicht die Wandfarbe. Wenn sich beides vermengt, drückt es sich gern im musikalischen Theater aus. Die Menschen wollen hören, was sie zu sehen kriegen. Wer die Klangfarbe der verschiedenen Wiener Dialekte kennt, weiß, dass die Mühen des Alltags sprachlich entschärft werden.

Wer tiefer in die Mentalität dieser Stadt eintaucht, mag zu dem Schluss kommen, die eingeborenen Wiener, deren es nicht annähernd so viele wie Bewohner gibt, sind Taoisten, deren Maxime lautet: Handeln durch Nichthandeln. Auf Wienerisch ausgedrückt, heißt das: schau'ma amal, dann

Mariahilfer Kirche (Barnabitenkirche) in der Barnabitengasse im 6. Bezirk.

wer'ma schon sehn. Es herrscht die Bereitschaft vor, den Dingen, den Zwängen, Raum für eigenständige Entwicklung zu lassen. Eine großstädtische Haltung, die man als höhere Diplomatie bezeichnen könnte. Als Verhandlungsort verfügt die Stadt über entsprechende Einrichtungen wie auch Erfahrungen. Auch das soll einer der Vorzüge für die Zukunft sein.

Jedes Gemeinwesen ist ein lebendiger Organismus, der sich mit einem einzelnen Menschen vergleichen lässt. Nimmt man die fünfstufige Bedürfnispyramide nach Maslow zu Hilfe, ist mancher Prozess, mit dem jede Kommune zurechtkommen muss, leichter nachzuvollziehen.

Auf der untersten Stufe geht es um das nackte Überleben, um Essen, Schlafen, Geduldet-werden. Auch in Wien handelt es sich gegenwärtig und künftig um mehr und mehr Migranten, um Neuankömmlinge aus fast jeder Himmelsrichtung.

In der zweiten und dritten Stufe, wenn die primitivsten Ansprüche gesichert sind, bemühen sich die Menschen um volle Integration, um die soziale und sprachlich-kulturelle Anerkennung, in Summe um den Aufstieg zu einem gesicherten Dasein als volles Mitglied der Gemeinde. Oft gelingt das erst in der zweiten Generation. Ist das erreicht, werden wirtschaftliche, politische oder kulturelle Ansprüche verwirklicht, bis endlich auf der fünften Stufe, auf Basis einer gesicherten Existenz, die volle Identität mit dem herrschenden Umfeld vollzogen ist. Nunmehr ist jener Status erreicht, wo jemand mit Stolz behauptet: ich bin Wienerin, ich bin Wiener.

Die Menschheit lebt seit Urzeiten von der Kooperation. Jede Gemeinde, ob klein, ob groß, braucht Raum für Begegnung. Ziel der modernen Stadtgestaltung ist es, solche Räume zu schaffen, weitgehend verkehrsberuhigt und autark in der Versorgung der Bewohner mit dem täglichen Bedarf. Außer nach Westen, zum Wienerwald hin, bietet Wien den Vorzug der Möglichkeit zur Ausbreitung. Mit welchen Gemeinden die Stadt in Zukunft zusammenwachsen wird, steht offen.

Es gibt zahlreiche Voraussetzungen, die für Wien sprechen. Eine starke Komponente ist die Entstehungsgeschichte, eine andere die Gewandtheit im Umgang mit Veränderungen, eine weitere die Bereitschaft, das Profil dieser Stadt permanent zu schärfen. Schließlich die Fähigkeit, geistiges Potenzial zu integrieren. Die Fotografien bilden diese Facetten deutlich ab, sind teils Bestätigung des Überlieferten, teils Mahnung, die Zukunft Wiens auf allen Gebieten, speziell in der Architektur, sinnvoll zu gestalten.

Die Stadt ist weiblich. Sie ist empfindsam und unberechenbar, kommunikativ und kreativ. Manchmal wirkt Wien jugendlich munter, ein andermal anfällig schwach und überlebt. Wien ist das Abbild einer attraktiven Dame, die sehr auf ihren Ruf bedacht nimmt, aber mitunter in falsche Gesellschaft gerät.

Einzig die Schönheit beweist die Wahrheit

Die gotische Hallenkirche des Stephansdoms im 1. Bezirk misst in der Länge 107 Meter, 34 in der Breite. Der romanische Vorgängerbau (errichtet 1230 bis 1263) wurde zuerst überbaut, dann abgetragen. Erhalten blieben die Heidentürme (65 Meter hoch) und das Riesentor. Der Legende nach hat es seinen Namen von einem Mammutknochen, der in der Wölbung aufgehängt war.

Dieser Satz gilt seit der Antike bis hin zur Aufklärung.
Die Schönheit des Gotteshauses in all seiner maßvollen Harmonie bildet das Göttliche ab und macht es für alle nachvollziehbar. Ästhetische Ansprüche adeln den Handwerker zum Künstler, ob Steinmetz oder Goldschmied. Das gilt für den gestickten Ornat des Priesters, für den kostbaren Kelch der Wandlung, für die edelsteinbesetzte Krone des Herrschers, für seinen prachtvollen Thron oder auch sein Schloss.

Alle diese Objekte legitimieren ihre Träger in ihrer Funktion. Daher bescheinigt nur das wirklich Schöne das, was als existenzielle Wahrheit verstanden werden will.

Der Stephansdom bezeugt mit betörenden Einzelheiten, vom Wiener Neustädter Altar bis zur Pilgramkanzel oder dem filigranen Maßwerk des Südturms die Gültigkeit dieser Auffassung.

Der Dom zu Sankt Stephan war und ist sichtbares Zeichen katholisch-geistlicher Glaubensanliegen. Zur Zeit seiner Entstehung, im 14. Jahrhundert, ist der mächtige Bau zu groß für das mauerumgürtete Wien.

Die eigentliche Turmspitze ist den Mitarbeitern der Dombauhütte vorbehalten. Das goldene Kreuz mit dem Doppeladler ersetzte ein Sonne-und-Mond-Symbol, das die Wiener zu sehr an die Schrecken der zweiten Türkenbelagerung erinnerte. Die Stephanskirche gilt bis heute als Nationalheiligtum.

Bis in die jüngste Vergangenheit lag inmitten des Stephansdoms der Koordinatennullpunkt, auf den die Vermessungen im Raum Wien und Niederösterreich bezogen wurden.

Der vollendete Südturm ist 136,4 Meter hoch. Im alten Österreich durfte in der Folge kein Turm höher sein. Im 19. Jahrhundert musste die Turmspitze zweimal abgetragen werden, einmal 17, später 40 Meter. Über 400 Jahre wachte ein Türmer über das Heil der Stadt. Bis zu seiner Stube dürfen heute Neugierige den Turm besteigen.

*Am Morgen des 21. November 1783 lässt der Feuerwerksunternehmer Johann Georg Stuwer im Prater einen Ballon mit vier Mann Besatzung auf- und niedersteigen. Im August des folgenden Jahres haben die Wiener erstmals Gelegenheit, einen bemannten freifliegenden Ballon zu beobachten. Nach etlichen Fehlschlägen folgt 1791 eine bejubelte Reise mit Landung in Großenzersdorf. Am 2. Mai 1929 starren Wienerinnen und Wiener gegen Himmel – mit lauten Propellern knattert ein Zeppelin über den Stephansdom Richtung Donau.
Rund 200 Jahre nach dem ersten fliegen neuerlich einige Freiluft-Ballons über den Dom hinweg.*

Vermutlich hat der Stadtverwaltung der Rundumblick gefehlt, als man dem Stephansdom den weißen Kasten – ein Hochhaus der Raiffeisen Holding im 2. Bezirk – aufgesattelt hat. So werden die Schätze der Stadt entwertet, wenn man sie nicht verteidigt. Die Stadtplanung, so beweist dieser Vergleich, soll mit der Metamorphose unserer Zeit Schritt halten. Zu spät bemerkte Schäden können allerdings irreversibel sein.

Gerhart Langthaler

... es ist all's nur Schimäre, aber mich unterhalts

Sollte wirklich alles nur Täuschung sein, wie Johann Nepomuk Nestroy in einem Couplet behauptet? Eine Stadt ist keine Fata Morgana, sie ruht vielmehr auf festem Grund und ihre Gebäude überstehen vielerlei Zeiten, auch enttäuschende.

Wie entsteht eine Stadt – wie ein Baum in wachsenden Ringen? Wien hat einige Wachstumsschübe erfahren. Die Befestigungsanlagen haben fast sechs Jahrhunderte lang eine weiträumige Ausbreitung verhindert. Folglich hat sich jede Art der Erneuerung innerhalb der Mauern manifestiert, Altes musste zugunsten neuer Vorstellungen weichen. Die Phase nach der zweiten Türkenbelagerung von 1683, erfolgreich abgewehrt, brachte einen mächtigen Innovationsschub, ermöglichte die Blüte des Barocks. Unversehens entstand das Bedürfnis nach einem Stadtführer für Inländer und Fremde.

Im vorletzten Regierungsjahr von Kaiserin Maria Theresia, 1779, gibt Joseph Edler von Kurzböck die *Neueste Beschreibung aller Merkwürdigkeiten von Wien* heraus. Ein genau recherchiertes Werk, in dem alles an Sehenswürdigkeiten der inzwischen aufgeblühten Residenzstadt aufgezählt und beschrieben wird.

„Wien, der ordentliche Wohnsitz der Kaiser ... hat seinen Namen von dem *kleinen Flusse Wien oder Vien, welcher, nachdem er über die Fläche der Stadt und den Vorstädten geflossen, bey den Weißgerbern in die Donau fällt ... Die Stadt ist mit 12 Bastionen oder Pasteyen umgeben, sie hat acht Thöre... sie hat acht ziemlich große und 14 kleinere Plätze; 117 große und kleinere Gassen ... 68 Kirchen ... 11 Mannsklöster, sieben Frauenklöster, eine Universität, vier öffentliche Büchersäle, eine vereinigte Akademie der Malerey, Bildhauerey und Baukunst, der Zeichnungs- und Kupferstecherkunst ... 1344 Palläste und andere Häuser, welche alle von Steinen , welche insgemein 3 bis 5 Stockwerke hoch sind ... mehr als 3000 Herrschaftswägen und 50 bis 60 Sesselträger, deren Anzahl im Winter größer ist."*

Wien war also bis nach der Mitte des 19. Jahrhunderts eine festungsumgürtete Stadt mit einem Kranz von Vorstädten. Die Eingemeindung und entscheidende Stadterweiterung wurde erst 1857 in Gang gesetzt. Kaiser Franz Joseph gab mit seinem berühmten Handbillet „*Es ist mein Wille ...*" den Auftrag, die Stadtmauern zu schleifen und an deren Stelle eine Prachtstraße zu errichten. Noch im selben Jahr begannen die Planungsarbeiten und bereits 1869 wurde als erster Bau der Ringstraße die Oper eröffnet.

Unter dem Titel „Gründerzeit" entstehen die geschmähten wie gelobten Bauten des Historismus, die die Ringstraße in ihrer heutigen Gestalt zu einer gepflegten Sehenswürdigkeit machen, eine Art begehbarem Bilderbuch europäischer Baustile von der hellenistischen Klassik, dem Parlament, dem neugotischen Rathaus, der neobarocken Universität und etlichen Palais, die mit Renaissance-Bauten liebäugeln bis hin zum halbvollendeten Kaiserforum mit barocken Jugendstilelementen.

Pfarre St. Josef ob der Laimgrube in der Windmühlgasse im 6. Bezirk.

Das erste umfassende Wien-Lexikon, bekannt als der Große Groner von 1919, beschreibt die Ringstraßenbauten als den „steinernen Ausdruck des bürgerlichen Wien, einer Zeit also, in der eine relativ kleine bürgerlich-liberale Schicht die Stadt beherrschte. Die repräsentativen Bauten sind gewissermaßen Museumsstücke der geistig-künstlerischen Verfassung des vorigen [19.] Jahrhunderts."

Diese Epoche zeichnet Wien noch in anderer Weise aus. Positiv die Regulierung der Donau, der Bau der segensreichen Hochquellwasserleitung, Bau und schließlich Elektrifizierung der Stadtbahn von Hütteldorf bis Heiligenstadt. Dem gegenüber steht die Errichtung zahlreicher Elendsquartiere mit Zinskasernen in den Arbeiterbezirken. Gelöst wird die brennende Wohnungsfrage erst im 20. Jahrhundert mit den modernen Gemeindebauten, den sogenannten Höfen. Musterbeispiel ist die Sandleitenanlage, die nach jüngsten sozialen Bedürfnissen geplant wurde. 1926 wird ein weiterer Riesenbau projektiert, der Karl-Marx-Hof mit 1600 Wohnungen. Von besonderem Interesse war die Internationale Ausstellung Werkbundsiedlung, die neue Maßstäbe der Wohnarchitektur vermittelte.

Der knappe Rückblick zeigt das geistige Potenzial dieser Stadt, das in vielerlei Hinsicht und auf verschiedenen Wegen umgesetzt wurde. Gleiches gilt für den Wiederaufbau Wiens nach dem Zweiten Weltkrieg und in der Periode des Kalten Kriegs, da Wien vom Osten weitgehend abgeschnitten war. Auch das ist ein wesentlicher Punkt bei der Frage nach dem Kapital dieser Stadt, die sich in diversen Krisen im Laufe der Jahrhunderte bewährte und bis heute als höchst lebendig erweist.

Als Anfang des 18. Jhs. in Wien die Pest erlischt, löst Karl VI. sein Versprechen ein und lässt am unverbauten Ufer der Wien eine Kirche erbauen, die Carl Borromäus geweiht wird, die Karlskirche im 4. Bezirk. Vater und Sohn Fischer von Erlach zeichnen für den schönsten Barockbau der Stadt verantwortlich. Anregungen aus Rom fließen ein, die beiden Säulen erinnern an die berühmte Trajanssäule, die ovale Kuppel an die Peterskirche. Als rund 150 Jahre später die Stadt erweitert wird, verliert das imposante Bauwerk seinen Freiraum. Bis heute harrt der vom Verkehr „zerschnittene" Karlsplatz einer Lösung, die den diversen Bauwerken und ihren Funktionen gerecht wird. Rechts: Kuppel der Karlskirche mit Uniqa Tower und Donauturm (22. Bezirk). Nächste Seiten: Links Galaxy Tower, rechts Uniqa Tower, beides 2. Bezirk.

Oben: Die neue Hofburg im 1. Bezirk war keineswegs vollendet, als die Monarchie unterging. 1913 wurde ein Flügel des geplanten Kaiserforums fertig, der Bauherr, Franz Joseph I. hat seine neue Residenz nie bezogen.
Auch der Michaelertrakt mit der eigenwilligen Kuppel wurde erst im 19. Jh. errichtet, entworfen hatte ihn bereits Johann Bernhard Fischer von Erlach.

Rechte Seite: Das Chemische Institut der Technischen Universität im 6. Bezirk verstellt heute den vertrauten Anblick auf die Dächer der alten und neuen Hofburg, auch die Michaelerkuppel verschwindet. Im Raum steht die Frage: Wächst die Innere Stadt zu? Mehr und mehr Bauten umzingeln den stilvollen Kern und verzerren die vertraute Silhouette.

Unten: Den charakteristischen Spitzturm bekam die Michaelerkirche im 1. Bezirk erst 1598. Diesmal hatten den steinernen Helm nicht Kriegshandlungen zerstört, sondern ein Erdbeben.

Hans Petschar
Wissen als Ausdruck der Macht

Die Wiener Hofbibliothek:
Vorgängerin der Österreichischen Nationalbibliothek
Seit der Antike gilt gesammeltes Wissen als Maßstab und Nachweis für die Macht der Herrschenden. In jeder Kultur, in der Schrift entwickelt wurde, zählen Bibliotheken zu den eigentlichen Schatzkammern staatlichen Gefüges, ob weltlich oder kirchlich ausgerichtet. So auch am Hof des Kaisers des Heiligen Römischen Reiches deutscher Nation.

Der entscheidende Einschnitt in der Geschichte der k. k. Hofbibliothek in Wien fällt ins 18. Jahrhundert. 1722 beauftragte Kaiser Karl VI. (1685–1740) den Umbau des Reitschulgebäudes vor dem Tummelplatz, dem heutigen Josefsplatz, zu einer Bibliothek. Joseph Emanuel Fischer von Erlach errichtete in den Jahren 1723 bis 1726 nach Plänen seines Vaters, Johann Bernhard, ein zunächst frei stehendes Bibliotheksgebäude mit einem Mittelrisalit und einem ovalen Kuppelraum zwischen der alten Hofburg, bzw. Kloster und Kirche der Augustiner.

Über dem Untergeschoß mit drei Toren nimmt der repräsentative Prunksaal der Bibliothek die ganze Front des Josefsplatzes ein. Der barocke Bibliothekssaal misst in der Länge 77,7 Meter, in der Breite 14,2, in der Höhe der Seitenflügel 19,6, und 29,2 Meter ragt die Kuppel empor.

Über dem heutigen Haupteingang verweist eine kaiserliche Widmungsinschrift in lateinischer Sprache programmatisch auf die öffentliche Funktion der Bibliothek.

CAROLVS AVSTRIVS D LEOPOLDI
AVG F AVG ROM IMP P P
BELLO VBIQVE CONFECTO
INSTAVRANDIS FOVENDISQVE
LITERIS AVITAM BIBLIOTHECAM
INGENTI LIBRORUM COPIA
AVCTAM AMPLIS EXTRVCTIS
AEDIBVS PVBLICO COMMODO
PATERE IVSSIT M D CCXXVI

Karl von Österreich, Römischer Kaiser und Vater des Vaterlandes, des glorwürdigsten Kaisers Leopoldi Sohn, hat nach Beilegung seiner allenthalben geführten Kriege zur Aufnahme und Unterhaltung der Wissenschaften seinen anererbten und sehr vermehrten Bücherschatz mit dieser weitläufigen Wohnung versehen und sie zum gemeinen Besten eröffnen lassen. 1726

Der Hinweis auf den öffentlichen Nutzen ist besonders bemerkenswert. Hier wurde ein Schritt gesetzt, dessen Konsequenzen damals keineswegs vorhersehbar waren.

Über der Attika des Mittelrisalits thront die Göttin Minerva / Pallas Athene mit ihrem Viergespann, die über die allegorischen Figuren Neid und Ungewissheit triumphiert. Die Plastiken über dem östlichen und westlichen Seitenflügel stellen Atlas dar, der eine riesige Himmelskugel trägt, und Tellus mit dem Erdglobus. Sie werden flankiert von den Personifikationen der Astronomie und Astrologie, sowie der Geometrie und Geographie.

Weithin gegen die Stadt sichtbar bezeugen Inschrift und allegorische Figuren in der Formensprache des Barock die kaiserliche Macht und die Rolle der Bibliothek als einen öffentlichen Raum.

Von 1726 bis 1730 erfolgte die Inneneinrichtung des Saales und die malerische Ausgestaltung durch den Künstler Daniel Gran. Parallel zur Ausschmückung des Saales wurde die Bibliothek sukzessive mit den Neuerwerbungen besiedelt.

Vom frühen 18. bis ins 19. Jahrhundert beherbergte der Bibliothekssaal mit seinen Seitenkabinetten sämtliche Handschriften, Inkunabeln, Druckschriften, Landkarten, Globen, Musikhandschriften, Notendrucke, Autographen, Handzeichnungen und Druckgrafiken der Hofbibliothek. Zu den wertvollsten Beständen gehört die Bibliothek des Prinzen Eugen von Savoyen mit etwa 15.000 Bänden, die nach seinem Tod 1737 gekauft und im Mitteloval des Saales aufgestellt wurde. Insgesamt werden im Saal etwa 200.000 Bücher, datierend vom 16. bis zum 19. Jahrhundert, aufbewahrt.

Die Beschreibung der Hofbibliothek am Josefsplatz ist eine feste Größe in den Reiseführern des 18. Jahrhunderts. Seit Fertigstellung des Gebäudes 1726 stehen jedoch in den zeitgenössischen Darstellungen nicht die Bücher und deren Geschichte im Vordergrund. Vielmehr prägt die barocke Architektur Fischer von Erlachs im Grunde bis ins 20. Jahrhundert den Blick von außen auf eine Bibliothek, die in erster Linie als imposantes Bauwerk und als Ort der kaiserlichen Repräsentation wahrgenommen wird. Selbst spätere ausführlichere Darstellungen stehen ganz in dieser Tradition, die die Repräsentationsfunktion der Hofbibliothek in den Vordergrund stellt.

*Der Ringturm im 1. Bezirk, der erste in seiner Art, im Jahr des Staatsvertrags, 1955 eröffnet, galt als innovatives Projekt für den Wiederaufbau der Stadt und als Zeichen der aufstrebenden Kapitalwirtschaft.
73 Meter ist der Bau hoch, ihn krönt ein 20 Meter hoher Leuchtmast.
Seit dem Mozartjahr 2006 verwandeln Jahr für Jahr 30 bedruckte Netzbahnen das Versicherungsgebäude in einen weithin strahlenden Bild-Turm, dem größten Malerei-Kunstwerk der Welt.*

Eine Dynastie, die über Jahrhunderte expandierte, machte ihre Stadt zum Hort ungeheurer Schätze.
Peter Sloterdijk spricht zu Recht von Wien als einem gigantischen Museum. Besorgt wird die Frage gestellt:
Bleibt neben dem aufwendigen Bewahren und Verwalten noch genug geistiges und materielles Kapital zur Stadterneuerung?

Die vielfältige Bautätigkeit auf der entstehenden Ringstraße ist heute nicht mehr nachzuvollziehen. 1881 wurden die beiden korrespondierenden Museen eröffnet, die nach Plänen Gottfried Sempers das Kaiserforum zu den Hofstallungen hin, heute MuseumsQuartier, abschließen sollten. Die achteckigen Kuppeln im 1. Bezirk ziert je ein mythologisches Wesen. Das Kunsthistorische Museum (rechts) schmückt die Göttin der Weisheit, Pallas Athene, das Naturhistorische (oben) Helios, der die Fackel der Wissenschaft schwingt. Die Gegenwart denkt nicht mehr in Allegorien, die allgemeine Nüchternheit muss sich erst taugliche Sinnbilder schaffen.

Hans Knoll
Wien und seine fortwirkende Strahlkraft

Trotz der Selbstgefälligkeit mancher Wiener überrascht sie doch manchmal die Erkenntnis: Wien wirkt. Die Wirkung der Stadt über die Grenzen Österreichs hinaus ist allerdings etwas anders, als es sich viele Wiener vorstellen.

Wiener Architektur hat im 19. und am Anfang des 20. Jahrhunderts die Städte Mitteleuropas stark beeinflusst. Man findet wienerisch anmutende Bauweise und Design in fast allen Städten der ehemaligen Monarchie und die damaligen städtebaulichen Entscheidungen, die sich an Wien orientierten, prägen noch heute viele Städtebilder von Prag oder Krakau bis Triest und Lemberg.

Gut sichtbar ist das bis heute beispielsweise in Timisoara (Rumänien), wo sich die Architektur am Wiener Barock und Jugendstil orientierte. Oder in Czernowitz und Lemberg (Ukraine), denen man die Synonyme „Klein-Wien" oder „Wien des Ostens" gab. Die vielen unterschiedlichen Namen für Wien verraten die jahrhundertelangen Beziehungen der Stadt mit der Region: Vienna im Englischen und ähnlich in romanischen Sprachen, Viden in vielen Varianten des Slawischen, Bécs in der ungarischen und der kroatischen/serbischen Sprache. Die Orientierung an und die Verbindung dieser großen Region mit Wien endete weitgehend nach dem Ersten Weltkrieg.

Erst seit dem Fall des Eisernen Vorhanges entfaltet Wien wieder seine Ausstrahlung über Österreich hinaus, bietet Vorbildwirkung vor allem im Osten oder Südosten Europas. Die Wahrnehmung der Stadt ist aber eine andere als 100 Jahre zuvor: Von außen wahrgenommen wird heute nicht Dynamik, sondern Ruhe und Sicherheit. Wien gilt als Ort des Wohlstands, mit konservativen Tendenzen, als berechenbar und oft auch als langweilig. Je größer die Entfernung, aus der die Besuchergruppen nach Wien kommen, desto phantastischer wird Wien wahrgenommen – es hat im Empfinden dieser Leute etwas Ähnliches wie ein Disneyland oder ein Museum. Es wird als sauber und ruhig erfahren, manchmal mit beinahe unerreichbaren Standards. So hört man manchmal, etwa in Moskau, dass in Wien die Gehsteige geputzt (und nicht nur gereinigt) würden – eine seltsame Meinung, nicht nur in Erinnerung an die unseligen Geschehnisse in der Zeit des Nationalsozialismus.

Ganz anders der Blick des Wieners auf die eigene Stadt: Wien wird als gar nicht so sauber und sicher wahrgenommen, trotz des vorhandenen Gefühls, auf einer Insel der Seligen zu leben. Zahlreiche Baustellen und die geschmähten Hinterlassenschaften der Hunde auf den Gehsteigen erzeugen oder steigern den berühmten Wiener Grant. Neubauten werden als das Stadtbild zerstörend empfunden, besonders von Menschen, die in den inneren Bezirken wohnen.

Tatsächlich hat Wien bereits Zonen, die so gar nicht den Wien-Klischees entsprechen. Man könnte sich in ganz andere Städte versetzt fühlen. Das gilt für die Satellitenstädte auf der anderen Seite der Donau oder etwa für Favoriten, den 10., und Ottakring, den 16. Bezirk. Sind die einen neu, haben sich die anderen Stadtteile durch Zuwanderung verändert. Diese

Stadtteile werden von den Alteingesessenen wie von den meisten Touristen kaum oder gar nicht wahrgenommen. So überraschen Teile des Südens und des Nordens der Stadt mit Hochhäusern, die als gute Architektur zu erleben sind, z. B. an der U-Bahn-Station Alte Donau oder am neuen Campus am Prater. Obwohl auch dort meist das gewisse Wienerische Gemüt vorherrscht, vermitteln diese Teile der Stadt ein Lebensgefühl, das regelrecht zeitgemäß anmutet.

Diese neue Vielfalt in der Stadt ist wohltuend – Wien entwickelt ein Flair, das man in Europa aus Städten wie London, Paris, aber auch von Istanbul kennt. Es bilden sich unterschiedliche „Viertel" heraus, in denen besonders die Zuwanderer das Stadtbild, das Warenangebot und die Lebensweise bestimmen. Das Ihrige zu dieser Entwicklung trägt, wenn auch auf andere Weise, die neue Architektur bei, die zurückwirkt auf die Lebensweise der Menschen.

Es gibt sie also, die manchmal vermisste Dynamik der Stadt – im Gegensatz zur Wahrnehmung vieler Wienerinnen und Wiener, besonders aber der Fremden, die Wien liebend gern besuchen. Es ist beruhigend, nicht in einem Museum zu leben!

Kuppel des Generali-Gebäudes in der Tegetthofstraße (Albertinaplatz) im 1. Bezirk.

Wiens Bürgermeister Kajetan Felder musste Kaiser Franz Joseph den Baugrund im 1. Bezirk für ein standesgemäßes Rathaus regelrecht abringen. Eröffnet 1883. Friedrich Schmidt folgte mit seinen Plänen den flämischen Rathäusern der Gotik: ein Appell an die bürgerliche Freiheit. Heute ist die siebenhöfige Anlage Sitz des Bürgermeisters und Landeshauptmanns und diverser Magistratsabteilungen. Zahlreiche Feste finden in den prunkvollen Sälen statt, unter anderem der Life Ball, die größte Benefizveranstaltung Europas.

Rechte Seite: 1853 verübt der Schneidergeselle Libenyi ein Messerattentat auf den Kaiser. Der überlebende Franz Joseph stiftet eine „Votivkirche" und der 26jährige Heinrich von Ferstel gewinnt den Architektur-Wettbewerb. Nach 23 Jahren Bauzeit weiht man anlässlich der Silberhochzeit des Kaiserpaares 1879 den sogenannten Ringstraßendom ein. Das „kosmopolitische Gotteshaus" im 9. Bezirk bot in jüngster Zeit Asylanten Schutz und Zuflucht.

Kirchtürme gelten als phallische Symbole. Mit dem Ende des patriarchalen Zeitalters verlieren diese Bauten an Bedeutung. Die Zeit verkündet nicht mehr ausschließlich die Turmuhr, wie es vor Jahrhunderten angebracht war. Moderne Kirchenbauten kommen ohne Campanile aus und setzen im Stadtbild nicht länger Akzente wie die zahlreichen barocken Kirchtürme mit ihren patinagrünen Helmen.

*Im Vordergrund: Benediktinerabtei Unserer Lieben Frau zu den Schotten, dahinter Jesuitenkirche beim Dr.-Ignaz-Seipel-Platz, links daneben der Turm der Franziskanerkirche im 1. Bezirk, im Hintergrund die Kuffner Sternwarte im 16. Bezirk.
Das Hotel Sofitel Vienna Stephansdom (rechte Seite) dahinter im 2. Bezirk wurde 2010–2012 errichtet.*

In den weitgespannten Falten der Stadt verbergen sich architektonische Kostbarkeiten des 20. Jhs. Der Architekturkritiker Friedrich Achleitner hat in seinem mehrbändigen Standardwerk den Gebäudebestand Bezirk für Bezirk akribisch beschrieben. Seinen Spuren zu folgen, lässt Freunde Wiens über den erhaltenswerten Reichtum staunen.
Oben: Versicherungsanstalt für Eisenbahnen und Bergbau (VAEB) an der Linken Wienzeile im 6. Bezirk, gestaltet von Hubert und Franz Gessner, 1912.

Fassaden täuschen manches vor. Die behübschten Häuserfronten der Gründerzeit waren Adolf Loos ein Gräuel. Sein schlichter Bau am Michaelerplatz entsetzte den alten Kaiser, für den es ein „Haus ohne Augenbrauen" war. Wahre Architektur zeichnet eine klare Haltung aus. Viele Häuser verraten, dass die Bauherrn ausschließlich wirtschaftliche Ziele verfolgten.

Wer Wien zu lesen versteht, schlägt beim Wandel durch Straßen und Gassen ein reichhaltiges Geschichtenbuch auf. Als Anregung mögen ein paar gängige Namen dienen: Josef Roth, Radetzkymarsch; Heimito von Doderer, Die Strudlhofstiege; Robert Musil, Der Mann ohne Eigenschaften. Die genannten Bücher sind rund 100 Jahre alt, aber gibt es dieses Wien noch?

Rechts: Das sogenannte Majolikahaus an der Linken Wienzeile von Otto Wagner war der spektakuläre Auftakt zu seinen Hauptwerken, der Postsparkasse und der Kirche am Steinhof. Spannend die Dialektik zwischen Tradition und Moderne. Wagner greift nicht gesellschaftliche Konventionen an, seine Neuerungen beschränken sich auf Ästhetik und Technik.

Wien, 1. Bezirk, Innere Stadt. Grüne Barockkuppel: Rektoratskirche St. Peter am Petersplatz, errichtet Anfang 18. Jh., Turm der Augustinerkirche, gebaut Ende 17. Jh. Glaskuppeln Anfang 21. Jh. auf dem Dach des Hanuschhofs aus der Mitte des 19. Jhs. Rechts: Karlskirche im 4. Bezirk.

Hermann Friedsam
Stadt der Metamorphosen
Metamorphosen der Stadt

Ein Konglomerat geistiger Strömungen
Wer denkt noch daran, es sei denn beim Besuch der Kaiserlichen Schatzkammer im ältesten Teil der Hofburg: Wien war das Zentrum des mächtigen Heiligen Römischen Reiches. Das belegen die bestaunenswerten Reichsinsignien, mit Edelsteinen verzierte Prunkstücke und Kleinodien, allen voran die Reichskrone Kaiser Ottos, die Heilige Lanze, Reichsapfel und Zepter oder auch die Krone der Habsburger als Kaiser von Österreich.

Zeugen aus Stein sind romanische und gotische Kirchen wie die wohl älteste, die Ruprechtskirche, oder Maria am Gestade mit dem grazilen Turm und, am besten bekannt, der Stephansdom, dessen eigenwillige Form seit rund 800 Jahren das Erscheinungsbild der Stadt prägt.

Verschwunden unter den gotischen Spitzbögen des Doms ist die ursprünglich romanische Kirche, die Zug um Zug überbaut wurde; einzig die Heidentürme weisen auf ein ehemals stattliches Bauwerk hin. Und Baumeister Pilgram blickt noch immer, stolz auf die bewirkte Veränderung, aus seinem Fenster in der spätgotischen Hallenkirche von St. Stephan.

Als schließlich der Dom in den Kriegswirren von 1945 ausbrannte, scheute Österreichs Bevölkerung keine Mühen, das kostbare Wahrzeichen in alter Pracht wieder erstehen zu lassen. Ebenso kommen die gegenwärtigen Generationen der Verpflichtung nach, ihren Steffl durch teure und permanente Restaurierungsarbeiten zu erhalten. So bietet sich oft der Anblick eines verhüllten Turms, als hätte der Verpackungskünstler Christo ein weiteres Projekt verwirklicht. Gleichzeitig wurden aber auch die erheblichen Kriegsschäden an anderen Gebäuden, z.B. der Oper, nach und nach behoben, der „letzte Glanz der Märchenstadt" laut Friedländer, sollte wieder hergestellt werden. Der Geist des Beharrens auf den ehrwürdigen Traditionen feierte ein uneingeschränktes Fest.

Mächtiger Adel, schwaches Bürgertum
Als kaiserliche Residenzstadt profiliert sich in Wien der Hochadel mit kostspieligen Palais, das Streben der Handwerker und Händler findet vergleichsweise geringeren Niederschlag in der Architektur. Lediglich in Gassen- und Straßennamen tauchen die Plätze der eingesessenen Gewerbe und einfachen Bürger auf, ihre Häuser aus früheren Epochen sind heute weitgehend verschwunden.

Zahlreich funkeln die barocken Kirchen, deren Türme und Kuppeln mit den patinagrünen Dächern das allgemeine Dächergewirr überragen. Allen voran die Karlskirche, errichtet von Fischer von Erlach auf einer damals noch unverbauten Ufertrasse des Wienflusses. Mehr als beachtenswürdig das Belvedere, die Sommerresidenz des Prinzen Eugen. Er zählt zu den berühmtesten „Zugereisten", die der Stadt ihre Handschrift nicht nur in baulicher Hinsicht hinterlassen haben, er bewahrte durch seine strategischen Siege den „Goldenen Apfel" der Osmanen vor deren weiterhin

*Einer exhibitionistischen Gesellschaft wie unserer heutigen wird die Stadt zum aufwertenden Rahmen für die begehrte Selbstdarstellung. Ströme von Touristen suchen in der Stadt Plätze und Gebäude auf, die nicht nur demonstrieren: Schau her, hier war ich!, sondern die zum Ausdruck bringen, dass das abgebildete Bauwerk den Wert der eigenen Person widerspiegelt. Unmengen von sogenannten Selfies werden täglich vor Schloss Schönbrunn oder dem Millennium Tower geschossen. Je wertvoller die Hintergründe für die Handy-Selbstporträts, umso attraktiver die Stadt. Wien bietet eine gern und intensiv genutzte Kulisse.
Im Morgenlicht des ausklingenden Jahres 2012. Blick zwischen Augustinerkirche im 1. Bezirk und Millennium Tower im 20. Bezirk.*

ungehemmten Begehrlichkeit. Kein Zufall, dass im Marmorsaal dieses Schlosses im Mai 1955 der Staatsvertrag feierlich unterzeichnet wurde.

Nur archäologisch wahrzunehmen sind die ursprünglichen Keltensiedlungen und das klassische Römerkastell, das vier Jahrhunderte intakt war. Wenn vom Gedeihen geistiger Substanz dieses Ortes die Rede ist, so sei Kaiser Mark Aurels gedacht, 180 nach Chr. hier gestorben, der seine berühmten Selbstbetrachtungen als stoischer Philosoph in Vindobona verfasste.

Die Muster aus Plätzen, Gassen und Straßen blieben erhalten

Mit in diesem Spiel der Giebel und Firste erscheinen die Bekrönungen aus unterschiedlichsten Stilepochen, aus Barock, Klassizismus, Gründerzeit, Jugendstil und schließlich der europaweit beachteten sozialen Gemeindebauten vom Ende der 1920er Jahre. Unübersehbar die Klötze der Flaktürme aus dem Zweiten Weltkrieg. Alles zusammen ein unverwechselbares Bild einer sich permanent verändernden Stadt, die heute bemüht ist, den Kriterien als Weltkulturerbe zu entsprechen.

Neu ist das Bestreben, die raren Baugründe durch allerlei Dachausbauten zu kompensieren. Erstaunlich wirkt das Wirrwar aus ungezügeltem Stilbewusstsein. Spiegelnde Blechhauben, die mitunter Flugzeugpiloten blenden, erscheinen neben ausladenden Terrassen, die mit üppigem Grün ansonsten kahle Straßenzüge auflockern.

Verschwunden sind die regelmäßigen Reihen rotbrauner Dachziegel, die gemustert durch weiße Schornsteine einen typisch wienerischen Anblick aus der Vogelschau ergeben haben. Zugvögel, die Wien überqueren, finden von Mal zu Mal ein anderes Bild. Inzwischen weiß man, dass begrünte Dächer positiven Einfluss auf das städtische Klima ausüben, aber Wien ist keine Stadt der Flachdächer.

Im Städtebau (und nicht nur hier) geht es darum, vor der Macht des scheinbar Unmöglichen nicht in die Knie zu gehen. Weltweit hat sich erwiesen, dass exemplarische Architektur die Menschen anzieht. Aufregende Bauwerke geben ein stärkendes Versprechen ab: Im Kampf gegen die Schwerkraft und andere Naturgesetze kann der Mensch als Sieger hervorgehen. Also sollte er auch menschlichen Kleingeist überwinden können.

Rechte Seite: Gemeindebau in der Spengergasse im 5. Bezirk.

Wien besuchen pro Tag 30.000 Touristen

Nach den fürchterlichen Kriegen des 20. Jahrhunderts war die Rede von einer Metropole mit Dorfcharakter nächst dem Eisernen Vorhang. Ein paar Jahrzehnte später weisen die Mercer-Studien 2009 bis 2013 Wien als die lebenswerteste Stadt der Welt aus. Kein Wunder, rund 50 Prozent des Stadtgebiets sind Grünflächen. Was die Konferenzstadt Nummer eins in Europa betrifft, überrascht es nicht, wenn man das reiche Angebot der Spielpläne studiert, das Abend für Abend von Theatern, Opern- und Musikhäusern geboten wird, dazu kommen einmalige Sammlungen in diversen Museen, etliche Festivals im Jahreskreis. Künstler, Wissenschaftler der Weltspitze treten hier auf und per anno zählt man in dieser pulsierenden Stadt elf Millionen Übernachtungen. Allein Schönbrunn, Schloss und Park verkraftet im Jahresschnitt über eine Million Schaulustige mit Spitzen zu Zeiten von Weihnachts- und Ostermarkt.

Wer zählt die Sprachen, die in Wien heimisch sind?

Seit dem 19. Jahrhundert ist Wien ein ausgeprägter Multikulti-Platz. Die Metropole eines Vielvölkerstaates mit 40 Millionen Einwohnern zog seit jeher Menschen aller Schichten, aller Fähigkeiten magnetisch an. Mal waren es italienische Baumeister, Musiker und Maler, ein andermal waren es die Arbeiter aus Böhmen, die Ziegelhauer, schließlich die vielen Gastarbeiter

aus den Balkanländern, wie Jugoslawien, Griechenland und der Türkei. Sie alle brachten und bringen auf ihre Weise geistiges Kapital mit in die Stadt, das hier fruchtbaren Boden findet, sich mitunter aber erst mühselig durchsetzen muss. Ganz zu schweigen von jenen Menschen, die aus bekannten Gründen vertrieben wurden und dem geistigen Potenzial bis heute abgehen. Die Verluste, die das Nazi-Regime der Stadt zugefügt hat, sind längst nicht ausgeglichen.

Wien, am Trampelpfad der Geschichte gelegen, integriert seit jeher Zugezogene. Angefangen von den Babenbergern bis zu den Habsburgern, deren Stammburg im schweizerischen Aargau liegt, bis zu Renner und Bauer, den Politikern der Ersten Republik, die aus Böhmen kamen – ebenso wie der Künstler Kokoschka. Die Aufzählung jener Menschen, die Wien zu Ruhm und Ehre verholfen haben, ist endlos. Weder Beethoven noch der so urwienerische Nestroy sind in Wien geboren. Wer es genauer wissen will, schaut ins Telefonbuch, es gibt Auskunft über die ursprüngliche Abstammung prägender Geister dieser vielseitigen Kulturhauptstadt. Laut Statistik leben heute rund 200.000 Serben in Wien und doppelt so viele Menschen aus der Türkei. Menschen vieler anderer Ursprungsländer sind zahlenmäßig nicht erfasst. Wer es erfahren will, besucht den Wiener Naschmarkt, dort wechseln die Händler je nach Zuzug. Waren vor einiger Zeit noch Türken und Kurden am Werk, sind es inzwischen Albaner oder Tschetschenen, und wie man hört, kaufen jetzt reiche Russen die ergiebigsten Standplätze auf.

In Wien zu bleiben hat viele Vorteile. Es gibt keine Slums, was für ein hohes Niveau der sozialen und realen Sicherheit spricht, die Verkehrsmittel funktionieren klaglos, es ereignen sich keine Megastaus. Nirgends stapelt sich Müll in den Straßen und das Trinkwasser gilt als das beste Europas.

1856 wurden in Wien 8793 Häuser gezählt, darin wohnten mehr als 400.000 Menschen. Die erste Eingemeindung erbrachte eine Erhöhung auf 29.332 Bauten, in denen 1.376.296 Personen lebten. Zu Beginn des 20. Jhs. verzeichnete man 39.407 Häuser, in denen über zwei Millionen Bewohner registriert waren. Das Kapital einer Stadt beschreibt auch die Wohnqualität, die gegenwärtig als sehr hoch eingestuft wird.

Herausragend: Die Pfarrkirche Neumargareten im 12. Bezirk, errichtet unmittelbar nach dem 2. Weltkrieg von Helene Koller-Buchwieser und Hans Steineder.

Gestern Metropole, heute Musterstadt

Als Wien 1918 zur Bundeshauptstadt eines kleinen Restösterreichs mit insgesamt 6,4 Millionen Einwohnern geworden war, konnten sich wenige vorstellen, dass rund 100 Jahre später diese Stadt zu den schönsten Europas zählen wird. Wer weiß schon, dass 100 Jahre früher Wien zu den neun größten Städten der Welt gehörte?

Hier blühen abermals Industrie, Wirtschaft und Wissenschaft, hier gedeihen kostbare kulturelle Einrichtungen. Allerdings, mit der anstehenden Stadterweiterung ist die kommunale Politik aufgefordert, ihren Blick weit ins 21. Jahrhundert zu richten, um dem Sog, den diese Stadt wie eh und je ausübt, gerecht zu werden. Man kann damit rechnen, dass Wien in absehbarer Zeit, wie ehemals in der Monarchie, zwei Millionen Einwohner zählen wird. Nicht von ungefähr ziehen die Immobilienpreise permanent an und verbaute Lücken verdichten und verändern das Stadtbild Jahr für Jahr. Manchmal protestieren Bürger, wenn die geplanten Eingriffe lieb gewonnene Strukturen radikal zu verändern drohen. Beispielsweise in der Josefstadt, wo ein Neubau auf der Zweierlinie den Blick aus der Josefstädter Straße auf den Stephansturm für immer verstellen wird.

Wenn Vielfalt eine große Chance bedeutet, dann hat Wien in Zukunft hervorragende Aussichten. Baudenkmälern aus der Römerzeit folgen Gebäude aus allen Stilepochen europäischer Architektur, manche sind in ihrer Ausprägung einmalig. Der DC Tower ist deutliches Zeichen in Richtung globalisierter Bauästhetik.

Die Metamorphosen, die Wandlungen der Stadt vollziehen sich auf allen Ebenen, sichtbar im Bereich Bauen, spürbar im Anwachsen des Verkehrs, aufregend dort, wo sich geistige und kulturelle Werte zu einem neuen Rhythmus vermischen und der Stadt einen anderen Klang verleihen in Form überraschender Events und einer veränderten Sprache. Das Wien des 20. Jahrhunderts, das ältere Menschen noch vor Augen haben, verschwindet allmählich und macht, oft schneller als gewünscht, einer zwar wunderbar traditionsreichen, aber der Zukunft angepassten Stadt Platz. Sicher bleibt, was Hans Weigel dieser Stadt zugeschrieben hat: die Polarität, dieses Sowohl-als-auch von Gemütlichkeit und Hektik, Strebsamkeit und Wurstigkeit, Lebensgier und Todessehnsucht. Wien beherbergt vielerlei Bestrebungen, ignoriert manche, fördert wenige, toleriert fast alle. Keinesfalls handelt es sich um eine Stadt des Stillstands. Hier beweist sich der Satz: Veränderung ist die einzige Konstante.

Martina Kuso
Wiener Zahlenspektakel

Jeder ahnt es: Hans Wurst war und ist ein Wiener, der allerdings aus der Steiermark stammte, Zahnarzt war und Stranitzky hieß, aber auf der Bretterbühne des 18. Jahrhunderts Karriere machte. Wer's nicht glaubt, besuche den „Wurschtlprater", dort dreht sich noch immer das ehrwürdige Riesenrad und aktuelle Spaßanlagen katapultieren Jung und Alt in höhere Adrenalinsphären. Der Homo ludens will unterhalten werden und von diesem Begehren versteht man sehr viel in Wien und das seit Jahrhunderten, sei es Hoch- oder Populärkultur. Allerdings, beides harrt einer wissenschaftlichen historischen Untersuchung.

Vermutlich sind Konzert- oder Theatergehern die Zahlen egal, aber diese Quantitäten haben bei hoher Qualität etwas Berauschendes. Wer ahnt schon, dass in dieser Kulturmetropole an die 4000 Termine pro Tag angeboten werden oder rund das Zehnfache an Sitzplätzen, große Festivals und Open-Air-Veranstaltungen nicht mitgerechnet.

Man begreift es: In dieser Stadt, in der man Wert darauf legt, nichts wirklich ernst zu nehmen, hat Unterhaltung einen hohen Stellenwert. Als Statistiker darf man aber kein Spaßmacher sein. Also rechnet diese Spezies vor: Subventionen für Kultur betragen um die 200 Millionen Euro. Die Wertschöpfung übersteigt das Doppelte beträchtlich, knapp 500 Millionen, und davon bleibt ein Drittel in Wien. Knifflige Details interessieren Veranstaltungsbesucher nicht. Vielleicht so viel: zwei Drittel der Damen, Herren und Kinder kommen als Touristen wegen des breiten Kulturangebots.

Eine genaue Aufzählung begänne mit mehreren Opernhäusern, Konzertsälen und zahlreichen Theatern. Wer nennt die Berühmtheiten, die schon im Burgtheater aufgetreten sind, oder war es im Volkstheater, im Theater in der Josefstadt? Wer flicht den Mimen Kränze?, lautet eine klassische Frage.

Wiener Praterstadion, oder Ernst Happel-Stadion im 2. Bezirk, seit 1986 überdacht, wird sowohl als Sport-, als auch Konzertarena genutzt.

Es wären noch so einige Spielstätten zu erwähnen, wo sich an den etwa 300 Tagen pro Jahr etwas abspielt und das im wahrsten Sinn des Wortes. Allein in der „Langen Nacht der Museen" wandern geschätzte 200.000 Menschen durch die kostbaren staatlichen und privaten Sammlungen.

Ein paar Daten und Fakten seien noch erwähnt, um die Dimensionen dieses gigantischen Angebots besser nachvollziehen zu können, zu dem alle Sparten beitragen. Neben dem klassischen Spielplan in den staatlichen Theatern ereignen sich Rock-, Pop- und Jazzkonzerte, treten Artisten, Tänzer, Musical-Stars in internationaler Besetzung in diversen Häusern auf und allein die Stadthalle mit den drei Vereinigten Bühnen stellt pro Abend 22.000 Sitzplätze für die Schaulustigen zur Verfügung.

Was Wienbesucher wie Einheimische sehr animiert, sind die international beachteten Festivals. Wer die Ziffern hört, staunt: Ende Juni pilgern drei Millionen coole Typen zum Donauinselfest, übrigens das größte seiner Art in Europa. Und weil wir bei den großen Zahlen sind: zur Viennale, einem der wichtigsten Filmevents, strömen an die 100.000 begeisterte Cineasten.

Nicht zu vergessen, ein Hinweis auf den steilsten Exportartikel der walzerseligen Stadt: das Neujahrskonzert sehen 50 Millionen Menschen auf 90 Fernsehsendern in aller Welt.

Schließlich fragen Veranstalter und Gäste nach den Wiener Festwochen, den 23 Bezirksfesten, nach der Sing/Songwriter- und der Wienerlied-Szene, dem Impulstanz-Festival, der Love Parade, nach den attraktiven Weihnachtsmärkten, nach dem Silvesterpfad, überall versammeln sich die Massen und bekräftigen den Ruf, der der gegenwärtigen Spaßgesellschaft vorauseilt.

Wenn Statistiker auf den Geschmack kommen, sind sie nicht leicht zu bremsen. Allerdings legen Kulturgenießer wenig Wert auf nüchterne Ziffern und Zahlen, sie stürzen sich lieber in das ungeheure und berauschende Kulturangebot. Übrigens: der eingangs zitierte Wurschtl erscheint quicklebendig und verführerisch in den schillernden Metamorphosen, zu denen die Kulturstadt Wien fähig ist.

Abend für Abend ein Reich für die dramatische Kunst. Das Burgtheater im 1. Bezirk zählt zu den ersten Häusern im deutschsprachigen Raum.

Als in der Wiener barocken Kirchenarchitektur der signalartige Turm durch eine Kuppel ersetzt wurde, Beispiel Karls- und Peterskirche, hat ein Wechsel der Symbole stattgefunden. Die Kuppel in ihrer weiblichen Form entspricht dem mütterlich-bergenden Wesen, somit der Caritas. Dieser Gedanke verdient, weiter verfolgt zu werden. Man könnte meinen, hier sind die meisten Baustile von der Gotik bis zur Moderne auf einem Areal in Harmonie versammelt. Der Schein trügt, bei näherer Betrachtung handelt es sich um ein seltsames Konglomerat, ein typischer Ausdruck der Metamorphosen dieser Stadt. Oben: Kirche Maria am Gestade, Flak-Leitturm Augarten, Augustinerkirche, Peterskirche.

Rechts: Das Rivergate ist ein Bürokomplex im 20. Wiener Bezirk, der Brigittenau und erhebt sich am Handelskai. Das Gebäude in nächster Nähe zum Millennium Tower und zur Donau wurde in mehreren Schritten im Jahr 2010 eröffnet und erhebt sich im Hintergrund der Kirche Maria am Gestade.

Rudolf Zunke
UNESCO-Weltkulturerbe und Historisches Stadtzentrum

2001: Wiener Innenstadt bekommt Status Welterbe
Das Stadtbild der Wiener Innenstadt ist ohne Zweifel ein Spiegelbild der europäischen Geschichte. Die Bauwerke der Gotik, der Barock- und der Gründerzeit dokumentieren in einer weltweit einmaligen Form, wie sich Europa vom Mittelalter bis zur Gegenwart gewandelt hat. Dies waren die ausschlaggebenden Gründe, warum das Stadtzentrum von Wien einen Platz in der Liste des Welterbes (dzt. 981 Stätten weltweit) von den ExpertInnen der UNESCO mit Sitz in Paris zugesprochen bekommen hat. Die internationale Konvention zum Schutz des Kultur- und Naturerbes der Welt gewährt den Denkmälern, die sich auf dieser Liste befinden, eine gemeinschaftliche, weltweite Unterstützung. Sie ersetzt nicht die Maßnahmen des betreffenden Staates, sondern soll diese wirksam unterstützen und ergänzen.

Das 2001 nominierte historische Stadtzentrum von Wien umschließt die Innere Stadt sowie die Areale von Schloss Schwarzenberg, Schloss Belvedere und dem Kloster der Salesianerinnen am Rennweg. Es umfasst eine Kernzone von ca. 3,7 km² mit etwa 1600 Objekten und eine Pufferzone von ca. 4,6 km² mit annähernd 2950 Objekten. Insgesamt betragen Fläche und Objektzahl jeweils nur knapp zwei Prozent des Stadtgebietes bzw. der Häuseranzahl von Wien. Die Begründungen, mit welchen die Aufnahme Wiens auf die Welterbeliste erfolgte, unterstreichen den Wert der „historisch gewachsenen" Stadt mit all ihren kulturellen Facetten. Dies bedeutet aber auch, dass die über Jahrhunderte baulich gewachsene Stadt nicht gleichsam unter einen Glassturz gestellt werden kann, sondern sich weiterentwickeln muss, um lebendiges Zentrum einer prosperierenden Stadt zu bleiben.

Die Verleihung des Welterbetitels bedeutet, dass die zuständige Gebietskörperschaft (im Falle der Wiener Innenstadt die Stadt Wien) die Verantwortung für den weiteren Schutz der Welterbestätte übernimmt.

Schutz des Welterbes und Stadtentwicklung schließen sich nicht aus
Wien ist eine dynamisch wachsende Stadt und von Beginn an stand die Stadt Wien vor der Herausforderung, den Schutz des Welterbes und eine zeitgemäße Stadtentwicklung in Einklang zu bringen. Konkret wächst Wien in den nächsten 15 bis 20 Jahren von derzeit rund 1,7 Millionen auf ungefähr zwei Millionen EinwohnerInnen an.

Im richtungsweisenden Dokument der UNESCO aus dem Jahr 2005 – dem Wiener Memorandum – wurde festgehalten, dass lebendige Städte wie Wien nicht zu einem Museum verkommen dürfen, sondern dass die

Stadtentwicklung sehr wohl die Ansprüche einer modernen Stadt zu berücksichtigen hat. Zu achten ist jedoch auf die Maßstäblichkeit und die Dimension neuer Bauwerke. Denn es ist das vorrangige Ziel, die sogenannte Authentizität einer Welterbestätte nicht negativ zu beeinträchtigen. Eine zeitgemäße Architektursprache steht keinesfalls im Widerspruch zum Welterbe, denn jede zeitliche Epoche verlangt nach ihrer eigenen Architektursprache, so das Wiener Memorandum.

Managementplan für das UNESCO-Welterbe
Die UNESCO fordert für jede Welterbestätte einen Managementplan, darin sind die Strategien, Instrumente und Akteure zu beschreiben, die das Welterbe in seiner Einmaligkeit schützen und auch für weitere Generationen erhalten. Wien hat bereits seit Jahrzehnten den Anspruch und verbindliche Spielregen für das Zusammenwirken zwischen Stadterhaltung und Stadtentwicklung vorbereitet.

Schutzzonen und Denkmalschutz für die Wiener Innenstadt
Aus rechtlicher Sicht ist das Wiener Welterbeareal gleichsam doppelt geschützt: in seiner Gesamtheit durch Schutzzonen und im Bereich seiner bedeutendsten Bauten durch den Denkmalschutz.

Mit der im Jahr 1972 beschlossenen Altstadterhaltungsnovelle kann die Stadt Wien unabhängig vom Denkmalschutz Schutzzonen festlegen und damit charakteristische Ensembles vor Abbruch oder Überformung schützen. Bei Errichtung eines neuen Gebäudes innerhalb einer Schutzzone ist darauf zu achten, dass es sich in das Ensemble und in das Stadtbild einfügt.

Zusätzlich stehen derzeit rund 780 Objekte der Kernzone des Welterbeareals, das sind ca. 50 Prozent der Bausubstanz, unter Denkmalschutz. Seit einer Novellierung des Denkmalschutzgesetzes können auch Gartenanlagen in den staatlichen Denkmalschutz miteinbezogen werden – zum Beispiel der Volks- und der Burggarten, der Helden- und der Maria-Theresien-Platz.

Widmungsbeschränkungen im Sinne des Welterbes
Basis aller baulichen Entscheidungen ist der Flächenwidmungs- und Bebauungsplan. Änderungen sind vom Wiener Gemeinderat politisch zu beschließen. Innerhalb des historischen Kerngebiets wird grundsätzlich von der Erhaltung des historischen Bestandes ausgegangen. Zusätzlich wurden auf Empfehlungen der UNESCO in den Plandokumenten weitere strengere Bestimmungen zur Erhaltung des baulichen Erbes aufgenommen, und zwar: die bestandsgemäße Widmung; die Einschränkung von Dachgeschoßaufbauten auf 5,50 Meter über der bestehenden Traufenlinie und maximal ein Dachgeschoss; das Verbot von Staffelgeschoßen und diverse Festsetzungen zur Gestaltung der Bauten, wie zum Beispiel Erker, Balkone u. a. m.

Gesetzlich geregelt ist auch, dass der Flächenwidmungs- und Bebauungsplan ebenso wie alle für die Stadt wesentlichen Bauprojekte vom Fachbeirat für Stadtplanung und Stadtgestaltung begutachtet werden müssen. Die Mitglieder des Fachbeirates agieren ehrenamtlich und ohne politische Beeinflussung.

Wie schon die Romanik, setzt die Gotik in Österreich weit später als im Westen Europas ein, ungefähr in der ersten Hälfte des 13. Jhs. In Wien stammt diese aufgelöste Art der Sakralbauten überhaupt erst aus dem 14. Jh. Rudolf IV. holte Meister Michael Chnab von Klosterneuburg nach Wien, er plante das kostbare Kirchenbauwerk Maria am Gestade im 1. Wiener Bezirk mit seinem zarten Maßwerk der Turmhaube.

Altstadterhaltungsfonds – Gelder der Stadt Wien für die historische Bausubstanz

Der Wiener Altstadterhaltungsfonds stellt öffentliche Mittel für die Konservierung und Restaurierung der historischen Bausubstanz zur Verfügung. Einen Schwerpunkt bildet die Förderung für wirksame Maßnahmen in den Schutzzonen. Arbeiten an herausragenden Einzeldenkmalen werden ebenso unterstützt wie die Sicherung zeittypischer Bauten, die einen wesentlichen Bestandteil der historisch gewachsenen Stadt bilden. Finanziert werden die denkmalpflegerischen Mehrkosten.

Kulturrelevante Daten in Echtzeit abrufbar

Der digitale Kulturstadtplan ermöglicht den Zugang zu wesentlichen Identitätsmerkmalen der Stadt. Umfangreiches Kartenmaterial zeigt die kulturgeschichtliche und stadtplanerische Entwicklung Wiens von der Frühzeit bis in die Gegenwart und umfasst beispielsweise einen digitalen Baualtersplan der Wiener Innenstadt.

Im Zusammenhang mit dem UNESCO-Weltkulturerbe sollen einerseits verbindliche Ausschlusszonen für Hochhausprojekte, andererseits Bereiche für potentielle Hochhaustandorte im Stadtgebiet definiert werden.

Visualisierungen mittels Airborne Laserscanning

Diese Art der Vermessung ermöglicht die Erstellung einer flächendeckenden Sichtbarkeitsanalyse. Sie zeigt auf den jeweiligen Stadtplanausschnitten grundrisslich jeden einzelnen Punkt auf, von welchem die Neubauprojekte sichtbar sein werden – auch wenn dies nur in geringstem Ausmaß gegeben ist. Die tatsächlichen Auswirkungen auf das Stadtbild werden in einem zweiten Schritt in Sequenzen von Fotomontagen dargestellt; erst diese zeigen das gesamte Ausmaß der Sichtbarkeit. Die Auswahl der Standorte erfolgt in Abstimmung mit den Experten von ICOMOS Österreich.

Historische Stadtveduten werden der Silhouette künftiger Bauprojekte gegenübergestellt. Weiters werden Visualisierungen von Hochpunkten der Stadt angefertigt (u. a. Kahlenberg, Wilhelminenberg, Donauturm, Stephansdom). Anspruch ist es, zu zeigen, wie sich diese Projekte im zukünftigen Weichbild Wiens zu erkennen geben.

Der Hauptbahnhof und der Schutz der barocken Sichtachsen

Der Hauptbahnhof Wien grenzt unmittelbar an die barocke Schlossanlage Belvedere als Teil des UNESCO-Welterbes. Es war von den ersten Planungsschritten an notwendig, die zukünftigen Gebäude nicht in Widerspruch zum Status des Welterbes zu erstellen. Dass die historischen Blickbeziehungen vom Belvederegarten aus in das städtische Umfeld unberührt bleiben, war eine zentrale Forderung der UNESCO. Intensive Abstimmungen und Planungen waren erforderlich. Mit den Visualisierungsstudien wird nachgewiesen, dass vor allem die bedeutenden barocken Blickbeziehungen zwischen Oberen und Unterem Belvedere in visueller Hinsicht nicht durch Hochhäuser in Mitleidenschaft gezogen werden.

Rechtlich wird es nicht möglich sein, auf den unmittelbar gegenüber dem Schloss Belvedere situierten Gebäuden des Stadtteils Hauptbahnhof großdimensionierte Leuchtreklamen oder Werbetafeln anzubringen. Es gilt

Im Vordergrund die Karlskirche im 4. Bezirk, im Hintergrund der Donauturm im 22. Bezirk.

sicherzustellen, dass es vor allem in der Nacht keine negativen visuellen Beeinträchtigungen des Welterbes „Historisches Stadtzentrum" gibt.

Städtebauliche Entwicklung entlang des Donaukanals und Wienflusses
Zentrales Thema der Visualisierungsstudien ist die städtebauliche Entwicklung entlang des Donaukanals. Ein Großteil der gründerzeitlichen Bebauung entlang des Donaukanals und des Wienflusses wurde durch Bombentreffer und Kampfhandlungen in den letzten Wochen des Zweiten Weltkrieges zerstört. Im Zuge des Wiederaufbaus entstanden zahlreiche Hochhausbauten in diesem Randbereich zum Welterbegebiet. Die kürzlich fertiggestellten bzw. geplanten Hochhäuser liegen außerhalb des dichtbebauten Stadtkerns, der durch die Wiederaufbau-Architektur des letzten Jahrhunderts geprägt ist.

Aufgrund der Visualisierungsstudien erfolgte Anfang der 2010er Jahre eine Abstimmung mit den Gremien der UNESCO und ICOMOS. Adäquat für diesen Bereich des Donaukanals auf der Seite der Leopoldstadt, geprägt durch die Wiederaufbauarchitektur der 1960er Jahre, ist eine Hochhausentwicklung in der Höhe von rund 70 Metern.

Herausforderungen und Visionen
Im historischen Zentrum von Wien leben auf rund drei Quadratkilometer mehr als 16.000 Menschen, mehr als 100.000 haben hier ihren Arbeitsplatz. Gleichzeitig wurden im Jahr 2012 – zum Vergleich der Zahlen – mehr als zwei Millionen Übernächtigungen in den Hotels und Pensionen gezählt. Wien insgesamt zeichnet sich durch ein erfreulich dynamisches Stadtwachstum aus. Allein diese wenigen Zahlen verdeutlichen, mit welchen enormen Herausforderungen die Wiener Stadtplanung konfrontiert ist. Im Stadtentwicklungsplan 2025 sind die Leitlinien für die erfolgreiche Entwicklung Wiens definiert. Zentrale Aufgabe ist es, intelligente Grundlagen dafür zu schaffen, dass Wien die weltweit führende hohe Lebensqualität behält und ausbauen kann. In Bezug auf das Weltkulturerbe sind die Entwicklungsziele auf einen einfachen Nenner zu bringen:

- Die Innere Stadt ist als lebendiges Zentrum Wiens weiterzuentwickeln und ist kein Museum.
- Alle zu setzenden Maßnahmen verfolgen die Idee eines Gleichgewichts zwischen Erhaltungs- und Nutzungsinteressen.
- Der Schutz des wertvollen, kulturellen Erbes steht zwar an erster Stelle, aber ebenso wesentlich ist die Einbindung der historischen Bausubstanz in einen lebendigen Stadtorganismus.
- Der Kunst und der Musik kommt die gleiche Bedeutung zu wie dem Stadtgefüge mit seinen Straßen, Plätzen und Grünräumen.

Ziel aller Unternehmungen ist die gesamtheitliche Sicht eines lebendigen Stadtdenkmals. Die unterschiedlichen Instrumente der Stadtplanung, des Baurechts und der Kulturförderung zielen darauf ab, dass sich Wien wie ein lebendiger Organismus entsprechend den gesellschaftlichen und wirtschaftlichen Anforderungen weiterentwickelt, ohne dabei seine Identität zu verlieren. Wien kann sich nur dann qualitätsvoll entfalten, wenn die architektonische und städtebauliche Vergangenheit als Teil der eigenen Identität verstanden wird.

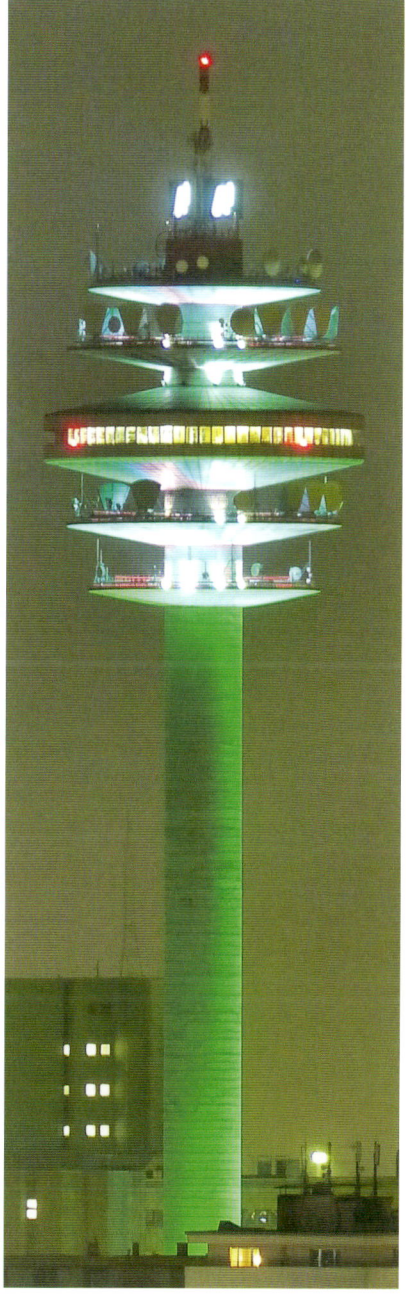

Funkturm Wien-Arsenal, auch Postturm oder A1-Turm genannt, im 3. Bezirk.

Ich bin ein Kind der Stadt

Ich bin ein Kind der Stadt – Die Leute meinen
und spotten leichthin über unsereinen,
Daß solch ein Stadtkind keine Heimat hat.
In meine Spiele rauschten freilich keine
Wälder. Da schütterten die Pflastersteine,
Und bist mir doch ein Lied, du liebe Stadt.

Und immer noch, so oft ich dich für lange
Verlassen habe, ward mir seltsam bange,
Als könnte es ein besondrer Abschied sein.
Und jedesmal, heimkehrend von der Reise,
Im Zug mich nähernd, überläuft's mich leise,
Seh' ich im Dämmer deine Lichterreihn.

Und oft im Frühling, wenn ich einsam gehe,
Lockt es mich heimlich raunend in die Nähe
Der Vorstadt, wo noch meine Schule steht.
Da kann es sein, daß eine Straßenkrümmung,
Die noch wie damals ist, geweihte Stimmung
In mir erglühen macht wie ein Gebet.

Da ist ihr Laden, wo ich Heft und Feder,
Den ersten Zirkel und das erste Leder
Und all die neuen Bücher eingekauft,
Die Kirche da, wo ich zum ersten Male
Zur Beichte ging, zum heiligen Abendmahle,
Und dort der Park, in dem ich viel gerauft.

Dann lenk' ich aus den trauten Dunkelheiten
Der alten Vorstadt wieder in die breiten
Gassen, wo all die lauten Lichter glühn.
Und bin in dem Gedröhne und Geschrille
Nur eine kleine, ausgesparte Stille,
In welcher alle deine Gärten blühn.

Und bin der flutend-namenlosen Menge,
Die deine Straßen anfüllt mit Gedränge,
Ein Pünktchen nur, um welches du nicht weißt.
Und hab' in deinem heimatlichen Kreise
Gleich einem fremden Gaste auf der Reise
Kein Stückchen Erde, das mein eigen heißt.

Anton Wildgans

Vorhergehende Doppelseite:
Auf der Trasse der heutigen U6 zwischen 6. und 15. Bezirk fuhr einst die Pferdebahn zwischen Hütteldorf und Heiligenstadt. 1906 wurde die Strecke zur Stadtbahn ausgebaut und elektrifiziert. Otto Wagner entwarf die weitgespannte Brücke und die imposanten Stationshäuser, die wie eine Jugendstil-Perlenschnur durch das Wiental und entlang des Donaukanals führen.

Im Hintergrund die Kirche Maria Königin der Märtyrer in der Meiselstraße im 5. Bezirk. Ein neogotischer Bau von Karl Schaden. Auch Kardinal-Rauscher-Kirche genannt, nach dem kirchlichen Berater von Kaiser Franz Joseph.
Die Zentralberufsschule in der Mollardgasse im 6. Bezirk zählt zu den größten am Kontinent. Ein paar Zahlen können das verdeutlichen: Sechs Stiegenhäuser führen zu 337 Räumen. Täglich werden rund 5000 Lehrlinge in zahlreichen Fächern unterrichtet.
Eröffnet wurde der Bau 1911.

Man denkt an Wien und beispielsweise an die „entern Gründ", an die ehemaligen Vorstädte, die direkt in den Wiener Wald übergehen. H.C. Artmann verewigte Breitensee „med ana schwoazzn dintn". Manchen ist es noch im Ohr, was der junge Maler Arik Brauer singend beklagte: „Sie habn a Haus baut ... sie ham uns a Haus herbaut". Und Wolfgang Ambros widmete seiner kleinen Freundin vom Gemeindebau einen Song.

Otto Brusatti
Die Klangkapitale
oder auch schlicht: Eros & Thanatos

Schauen. Schauen? Schauen!
Von oben, aus Luken, mit Ferngläsern oder neben einer Kamera postiert, in das Dutzend an Windrichtungen, die sich bald eröffnen.
Einen Cocktail, ein Pasticcio, einen Mix-up kann man sich von dort startend schütteln oder rühren – aus Wien-Klängen.
Oder (lieber) doch nicht?
Flanieren wir einmal (tatsächlich oder auch nur imaginär) herum, hinaus und hinein.
Wien klingt?
Wien klingt, okay; aber wie?

Allein das lexikalische Aufzählen sprengt bei weitem jede Nachleseform. Wien und Musik, das ist mehr als Toskana und Renaissance, mehr als Computer und Silicon Valley. Denn kaum etwas im musikalischen Unterhaltungsfeld dieser Welt von heute, einem der größten Geschäftszweige überhaupt, ist denkbar ohne Musik und Wien. Hier wurde das formuliert, was wir noch immer Klassik nennen; zugleich hat man aber auch die U-Musik erfunden; es wurde das kodifiziert, was wir noch allemal als die Moderne bezeichnen.

Allein, wie ist so einer Fülle beizukommen?
Musik sieht, erblickt man nicht. Sie benötigt zudem Interpretation, braucht Dauer. Man begegnet der Musik nicht direkt, man muss sie suchen. An ihren Orten, bei den Quellen?

Ich lade Sie ein, machen wir einen Spaziergang durch die Stadt, heute. Seien Sie ausdauernd, er soll beinahe 24 Stunden währen. Viele Plätze werden wir besuchen, Erinnerungen auffrischen, kreisen, sammeln, in uns hineinhören. Kommen Sie! Lassen wir uns ausspucken, mitten in die Metropole, in diese dichte Innere Stadt. Es ist noch allemal der frühe Morgen – und sie, die Stadt, Wien, die Trägerin, die Mutter von Musik, erwacht ... Setzen wir uns vorerst in ein Café. Im Hintergrund läuft leise Musik aus Lautsprechern. Man lässt durchaus auch einmal den Kultursender des Landes auf die stillen, sich mit Zeitungen und kleinem Frühstück abschottenden Menschen los. Eine Mischung aus Classics und Musical und Wiener Soft-Dancing und dann doch zurück bis in die Zeiten von Reformation und Gegenreformation. Wichtig ist aber, vor solch einem anstehenden langen Weg, sich immer vor Augen und – in diesem Fall – vor Ohren zu halten, was da alles in Radien von ein paar Kilometern während der vergangenen Jahrhunderte passiert ist, was entstand, was hier als zum Teil größte Schöpfungen der Menschheitsgeschichte hervortrat. Wissen Sie, nebenan ist vor mehr als 200 Jahren Franz Schubert zur Schule gegangen. Von dort drüben, aus dem legendären Goldenen Saal des

Wiener Musikvereins, dem Großen Musikvereinssaal, kommt jährlich der angeblich meistgesehene Musikevent der Welt, das Neujahrskonzert der Wiener Philharmoniker. Dort hat aber auch 1913 das legendäre Skandal-Konzert der Moderne stattgefunden, wo sich einst Schönberg, Zemlinsky, Berg und Webern präsentieren wollten und es stattdessen zu Tumulten und Ausschreitungen kam. Allein, dort hat auch Johannes Brahms Werke uraufgeführt, dort dirigierten Johann Strauß, Herbert von Karajan oder Carlos Kleiber. Man darf sagen, es gibt keine Musikerin, keinen Musiker von Graden, der nicht im Musikverein oder im ebenso großen Konzerthaus der Stadt aufgetreten wäre. Wenn wir jetzt während unseres ersten Reminiszierens und Tages-Planens bloß daran denken, dass wenige Hundert Meter weiter in den Wiener Kaiserschlössern vor 350 Jahren die Machthaber selbst komponiert haben und dass in den Palais erstmals jenseits von Italien Opern gegeben worden sind, was zur Folge hat, dass Wien noch immer die stärkste Bühnentradition besitzt, täglich oft mit einem halben Dutzend an verschiedenen Produktionen! Daneben blüht der Underground mit einem Austro-Pop, der weicher und brutaler ist als sonst wo, eine eigene Jazz-Szene, die hintergründigen Wiener Chansons, die breiteste Musical-Szene des Kontinents, immer noch eine sperrige, höchst diffizile und höchst individualistische Avantgarde, parallel zu Wienerliedern als Spiegel von Seele, Angst, Eros und Trunkenheit und parallel zu mehreren Musikarchiven im Weltmaßstab. Es sind Orte von Bruckners Symphonik, der ersten Filmmusiken, der Volkskomödien und der intimsten Kammermusik – aber genug von diesem prächtigen Kapitalismus der Kapitale, geschichtet dastehend wie in den Fotos von oben oder von weit. Schluss vor allem einmal mit dem poetischen Historisieren!

Rund um den Musikverein oder das Konzerthaus oder die Theater am Ring und an der Wien ist es zumeist ganz still. Die Staatsoper wirkt untertags wie eine schweigende, lauernde Kröte. Die Wiener Innenstadt, sich von ihr wegziehend, beherbergt, verglichen mit anderen Alt-Metropolen, ziemlich wenige StraßenmusikerInnen. Von denen spielt ein Großteil schlecht. Von den Pseudo-Folk-Leuten aus dem rumänischen oder moldawischen Osten wollen wir überhaupt schweigen.

Den Phon-Zahlen nach und verglichen mit amerikanischen oder asiatischen Städten agieren auch die Signalhörner der Wiener Rettungs- und Feuerwehrwägen leise. Am lautesten buddeln sich in Wien noch die geschäftig-selbstgefälligen Dienstwägen der Wiener Verkehrsbetriebe auf, vor allem wenn es gilt, einen Verkehrsbetriebsstau zu orten.

Stilles Wien? Es tönt recht wenig aus Geschäftslokalen heraus. Aus den geöffneten Fenstern kommt selten penetrante Radio-Musik; manchmal aber noch ein Klavier-Üben. Auf der Donauinsel wird – sehen wir einmal ab von dort üblich gewordenen und ziemlich durcheinander brüllenden Massen/- Musikfesten – lieber gegrillt und geradelt, zusammengehockt, gelesen oder geschmust als laut musiziert, egal ob aus sangesfreudigen Kehlen oder aus herumgeschleppten CD-Playern schallend. Es gibt in Wien – welch Glück – nicht besonders viele Nobellokale (oder Pseudo-Nobellokale), wo sich im Soft-Classics-Verschnitt Hintergrundärgernisse abspielen; in den Beiseln zwitschern mehr verbotene Glücksspielautomaten als Wurlitzer-Nachfolger. Apropos zwitschern: man kann in der Stadt noch Vögel nicht nur in Parks laut ihre Reviere verteidigen hören, sondern schon in den Dachgärten und

Ein leuchtendes Wahrzeichen des jüngeren Wien: Der Uniqa Tower im 2. Bezirk.

Alleen, Rabatten oder Gassen, wo es in die klingenden Vorstädte hinausgeht.

Die Stadt ist nur scheinbar eine leise. In ihrem Inneren, mag das ihre Geschichte oder die Seelen der Bewohner betreffen, rührt sich etwas, da tobt es gelegentlich, nein, noch besser, da herrscht kapitales Lärmen vor, koordiniert, künstlerisch, klebrig, gemein.

Wien säuselt oft, aber vor allem scharf. Oder plärrt Wien vor allem? Wien ist doch eine Stadt der Musik, oder? (Dieser letzte Satz war nun eher mies und ein schon voll abgewetzter Topos, ein Akt der Selbstgefälligkeit sondergleichen, eine kleine Gemeinheit anderen Musikstädten wie Buenos Aires oder Neapel oder Vanarasi gegenüber. Trotzdem.)

Wien ist eine Stadt der Musik, der Klänge, der Vielfalt der Stile, der unterschiedlichsten Epiphanien von Musik.

Die Fülle verblüfft, sie überfordert aber auch, immer noch und jeden – glauben Sie mir, selbst die Wienerinnen und Wiener, denn Musik ist die herrlichste und zugleich auch die gefährlichste Sache.

Kommen Sie, wir wollen weiterziehen. Der Tag ist noch lang. Die Wiener Musikgeschichte kann man gefügig abschreiten, ein paar Stunden hindurch, ein Jahr auch, ein Leben lang. Wir gehen dabei auf dem schmalen Grat zwischen Genialität und Vernichtung, im Jenseitigen, zwischen Eros und Thanatos.

Weg aus dem Zentrum geht es bald. Wir sind zwischenzeitlich in den tatsächlichen Wien-Mittelpunkt gehupft, denn Wien ist eine der ganz wenigen Großstädte, die so etwas besitzt. Wir brechen mutig von dort ein zweites Mal auf, vom Platz vor St. Stephan, dem zentralen und tatsächlich echt gotischen Riesendom. Haydn wurde hier ausgebildet und hat später im Umkreis seine Riesenoratorien aufgeführt; aber Joseph Haydn hat zum Teil von hier aus sogar die Wiener Klassik und das Sonaten-Prinzip der Musik quasi erfunden. Das klingt nun komplizierter als es ist – und wir wollen uns auch nicht mit Musiktheorie aufhalten. Nur so viel: Das ist (schlicht und überhaupt nicht einfach) in seiner genialen Größe und künstlerisch-kulturellen Wirksamkeit nur mehr mit etwa dem Formulieren des heliozentrischen Systems oder mit dem Aufstellen der speziellen Relativitätstheorie vergleichbar. Hier im Dom hat Mozart geheiratet, 200 Meter weiter ist er gestorben, wenige Steinwürfe davor komponierte er seine abgründigen Opern. Der Hauptboulevard, die Kärntner Straße zieht sich nach Süden. Hier treffen sich gelegentlich noch gute Straßenmusikmenschen aus der ganzen Welt. Wahrscheinlich ist jeder große Musikmensch der letzten 250 Jahre hier schon herumspaziert. Denn alle, selbst die, die nicht zu Wiener Komponisten geworden sind, waren irgendwann da, viele auch auf der Suche, den Gefahren der Stadt nicht ausweichend oder gewachsen, auch an ihnen scheiternd, Schumann oder Wagner, Chopin oder Berlioz, die Slawen und die Amerikaner, die Vertriebenen und Verfolgten vor der Mitte des 20. Jahrhunderts gar nicht erst zu zählen. Jedenfalls sind in dieser Inneren Stadt die Hauswände voll mit Gedenktafeln, wer, wo und wann hier gewohnt und komponiert hat; mehr oder weniger alle Musikstile Europas sind so auch in Stein vertreten.

Wir landen sodann im Jugendstil der Secession und weiter beim Theater an der Wien, dem Ort, wo bei weitem die meisten Operetten uraufgeführt worden sind. Es ist also die Ausgangsbühne für das Musik-Entertainment.

Aber jetzt sanft hinauf in die schmalen Hügel, welche ganze Stadtbezirke

In Vordergrund Döbling, im Hintergrund der Leopoldsberg.

ausmachen, denn Wien ist manchmal auch ein kleines Rom. Ich zeige Ihnen gleich besondere Plätze, solche, wo man die Namen zwar kennen mag, deren Bedeutung aber großflächig kaum richtig eingeschätzt wird. Wir durchstreifen die Gassen, Innenhöfe oder Lauben des 6. bis 8. Wiener Bezirks. Von hier stammen zum Teil die Familien der Parallel-Größen zur Wiener Klassik und Romantik. Die wahrscheinlich am berühmtesten gewordene Musikdynastie kommt von hier, diejenige der Sträuße. Auch das Geburtshaus von Joseph Lanner ist nicht weit. Auch nicht die Wohnungen der vielen Musiker aus der ersten Hälfte des 19. Jahrhunderts, die mit Tanzmusik und immer größer werdendem Musikgeschäft quasi unsere uns heute so gewohnte Schallumwelt erst kodifizierten. Seltsam streng klingt uns so etwas oft, nicht wahr? Aber Musik ist, wie oben bei unserem Aufbruch durch die Stadt gesagt, nicht nur eine gefährliche Sache, sondern auch eine, die häufig aus ganz verschiedenen Zusammenhängen kommt, lebt, wirkt.

Wir gönnen uns zur Sicherheit auf unserem Weg nun schon rund um die Innere Stadt in einem der kleinen Wirtshäuser ein bodenständiges Essen und Trinken. Man steht vielleicht am Tresen herum oder ergattert ein Plätzchen auf einer Eckbank. (Ja, ich weiß schon, es ist noch nicht spät am Tag. Dennoch – ein Glas vom Wein aus Wien, dieser geglückten Alliteration? Dazu etwas aus der Wiener Küche, diesem Schmelztiegel aus ganz Österreich selbst, aber auch aus Tschechien und Ungarn, dem Balkan und Italien?) Vor allem: hinhören und ein bisschen gezielte Reizfragen stellen.

Was ist noch präsent im Kopf der Leute? Redet man sie auf Musik an, dann bekommt man Antworten, als hätten alle noch den Schubert Franz oder den Lehár Franz gekannt; die einzige österreichische Pop-Ikone, Falco, ist präsent; über Oper, Moderne oder Musiktheater wird auch in diesen Kreisen zumindest schein-fachsimpelnd geredet, viel auch über die Medien mit Musik geschimpft; liebend wird über zumeist schon verstorbene Sänger-Schauspieler oder jene volkstümliche Fernseh-Massenware und internationale, angebliche Super-Stars gesprochen. Aber die Melodien aus dem unendlichen Wien-Fundus, ja die Melodien wird man nur ansingen müssen, sie werden weitergetragen, fortgesponnen, paraphrasiert, wie ein persönliches Eigentum stolz präsentiert.

Man kann so viele Musikkreise ziehen. Auf den alten Friedhöfen, diesen Hades-Wegen der Klänge, ruhen mehr Musik-Berühmtheiten als in irgendeiner Stadt der Welt. Es gibt noch immer in den Innenstadt-Schlössern und in den Vorstadt-Etablissements bestehende Aufführungsstätten, wo sowohl die klassischen Konzerte als auch die tatsächlichen Wiener Walzer zum ersten Mal gegeben worden sind. Und es wäre schon einen eigenen Spaziergang wert, die mehreren Dutzend Wohnungen des Ludwig van Beethoven aufzusuchen.

Doch schon ein so kleiner Überblick mit Streiflichtern hat uns bereits höher hinauf gebracht, zwischen den äußeren Bezirken hindurch, wo die berühmten Heurigen-Schenken situiert sind. Dann ging's die Wiesen und Weinberge im Norden hoch, gelandet sind wir auf einem der Hügel über der Stadt. Bei gutem Wetter ist der Ausblick grandios: landschaftlich und kulturhistorisch.

Wir verbinden jetzt beides: unseren gemütvollen Weg durch die

Die Oper mit den Heidentürmen der Stephanskirche, 1. Bezirk.

Die Westfassade von Schloss Schönbrunn und die Pfarrkirche Maria Hietzing, 13. Bezirk.

Außenbezirke, dann in die Hügel, zurück in die steinernen Gassen, mit der gleichzeitigen Suche nach Vielfalt, Erscheinungsform, abermals Epiphanie und auch bloßen Hinlauschgeboten. Allein: Kann man das hören? Noch hören? So einfach? Wien hören an den Plätzen, wo in einem Radius von bloß ein paar Kilometern mehr an wichtiger Musik erfunden, geschrieben, gefühlt und aus sich geworfen wurde als in und rund um jede andere Stadt der Welt?

Beispiele? Klar, und wie!
Beethoven komponierte rund um den Kahlenberg, in den Weingärten und neben den dortigen Bacherln die Pastorale oder rannte über die Hügel und speicherte währenddessen seine Appassionata im Hirn ab. Die Natur war ihm Heiligenbild und sonst egal. Bruckner saß ein paar Jahrzehnte später dort oben, aß sein Schmalzbrot und ließ die Themen für seine Neunte Symphonie (diejenige, die er später „dem lieben Gott" gewidmet hat) in sich hineinfliegen. Daneben singen die Menschen seit vielen Jahrhunderten vom Tod, vom grauslichen vor allem, und von der Apokalypse als Hetz. Die Geschichten aus dem Wienerwald des Johann oder die Libelle des Josef Strauß wurden hier konzipiert. Ihren Expressionismus und die Dodekaphonie haben Leute wie Schönberg oder Webern wohl im Spazierengehen verfeinert. Mozart komponierte Tänze, Arien und Symphonisches. Schubert kodifizierte den Gesang neu und machte Tiefenanalyse in Kammermusik und Liederzyklen. Es gäbe Tausendschaften an Bezugnahmen und Beispielen, um das Solitäre der Gegend anzusprechen oder Wien als verblüffende Musikstadt zu beweisen. Walther von der Vogelweide schenkte den Babenbergern erste musikalische Erotika, Renaissance-Meister versuchten von hier aus Italien Paroli zu bieten. Der österreichische Barock war nicht nur beim Kloster- und Paläste-Bauen gut.

Und die U-Musik sowie deren Masseneinsatz im Weltmaßstab hat man hier parallel zur Moderne erfunden. Schrammeln und Operetten, Filmklänge und Wiener Chansons. Sie wurden mit zur klangvollsten Musik, die je geschrieben worden ist. Wienerlied? Keine Musikstadt hat so eine Stadtmusik. Oder kennen wir ein vergleichbares New-Yorker-Lied, ein Pariser-Lied, ein Moskau-Lied?

Der Klang der Stadt ist nicht nur vereinnahmend, er ist auch – bis heute und im Medienüberflusszeitalter – die Menschen bindend, zusammenbindend, gehen wir bloß vom Heurigen über Gschnasglück ins geil-protzige Neujahrskonzert.

Gehen, weiter und scheinbar retour. Eventuell noch Gasthäuser der wilderen, manchmal auch der grindigeren Art aufgesucht. In Ottakring zwischen den zumeist eher mühevollen Integrationsklängen, dann jenseits des großen Flusses, wo sich Wien-Filme à la Kottan täglich live ereignen, dann in Massensiedlungen im Süden. Man wird dort schon wieder Leute finden, die Schubert, TV-Sternchen oder Hans Moser nachmachen können, so, als hätten sie mit denen weiland die Schulbank gedrückt oder achtelweise Weißen und Roten und Obstler genossen.

Retour. Immer noch in Schlangenlinien, an neuen Bahnhöfen vorbei, an Randhochhäusern aus bereits vielen Jahrzehnten und an alten Kasernen, nun abermals ganz in die City. Es ist während aller Stationen nun der neue, aber stete Hades-Weg und zurück. Man muss bloß zuhören, nur jenes Wagnis des Wien-Anhörens eingehen. Man wird sogar jenen Austro-Pop in seiner unendlichen Weinerlichkeit aushalten und sich an dessen Wurzeln in der Alt-Wiener Volkskomödienmusik erfreuen. (Von einem schlimmen Mangel an gutem, aktuellem Wien-Jazz und von der grassierenden Volkstümlichen Musik aus dem und jenseits des Musikantenstadels – wahrscheinlich die mieseste Musik, die je in Wien und österreichischer Umgebung gemacht und den Leuten wie Fastfood oder Tankwein eingeträufelt wird – wollen wir jetzt schweigen.)

Wien-Klang ist Joseph Lanner und die Hits aus dem Weißen Rössl, ist Pummerin-Nostalgie und neben dem Dreimäderlhaus weiterhin Avantgarde zum Weghören, picksüße Sängerknaben und Kirchenkonzerte. Wien-Klang ist aber auch Wienerisch selbst, in allen Facetten, in Bezirkstypisierungen und -topoi, unterschiedlich gesprochen von Frau und Mann. Wien-Klang ist die Tatsache, dass ungemein viel an Subventionen in diesen Klang hineinfließt, täglich, das bei weitem höchste öffentliche Kultur-Aufkommen aller Städte der Welt. Und da machen Österreich und Magistrat inhaltlich überraschend wenig Unterschiede zwischen Musicals und mehreren Opernevents gleichzeitig, Festspielen und Konzertschwerpunkten, Straßenfesten und Ausbildungsstätten. Gejammert wird trotzdem viel und jährlich der Untergang der Klang-, der Musik-Stadt prophezeit. Allein, auch dieser Jammer-Sound, dieser Höreindruck ist nur eine weitere Gegenstimme, ein verlaufender und für den Gesamtauftritt Wiens notwendiger Kontrapunkt.

Wir sind schon wieder vor der Kärntner Straße angelangt, sinken hinunter, diesmal in den Hades der Opernkreuzung, dorthin, wo ProfisäuferInnen ihrem Gewerbe nachgehen, andere (vor allem Minderjährige) anderen Gewerben, wo darüber täglich hervorragend und sauteuer die Tosca, der Tristan oder die Traviata sterben oder wo Mozart-Figuren einander nach wüstem gegenseitigem Betrügen kriegen oder riesiger Pomp zelebriert wird.

Es dröhnt auch hier. Real. Immer dasselbe. Stundenlang. In endlosen Wiederholungen. Es ist die Klang-Frechheit schlechthin, die (notwendige?) wienerische Gegenwelt. Alles kommt aus unterirdischen Toiletten. Die Beschallung, welche die dort drinnen teuer, während Sie ihr Geschäft verrichten, einhüllt, ist die Wien-Musik Nr. 1, ist die bis heute (!) weltweit (!) am bekanntesten (!) gewordene Komposition, *An der schönen blauen Donau*. Der Walzer. Die Über-drüber-Musik. Wien lässt es zu, dass mit ihr ein grauenhaft verziertes Häusl dauerbeschallt wird, alles heftig nach außen dröhnend, im Nucleus der Stadt. Gemein. Jenseitig. „Donau, Du Sau, Du Sau, Du Sau!"

Woandershin, weiter, auf andere Höhen.
Wien liegt im Grunde nicht an der Donau; doch von hier, urplötzlich am Kahlenberg oder am Leopoldsberg stehend, da ist sie tatsächlich ein Riesen-Silberband, welches sich durchwindet und sich in die Ebenen ergießt. Wien hat in den Jahrzehnten um das Jahr 2000 einen wirtschaftlichen und kulturellen Aufschwung genommen wie kaum eine Metropole in Europa – auch das sieht man von hier aus. Die neuen Stadtteile umfassen die alten, gewachsenen. Der Blick geht nach Süden und in den Osten, den Wienerwald, die so oft besungene Brutstätte für manche intensivste Musik überhaupt, im Rücken. Wir blicken bis in die Ausläufer der Alpen hinein, 2000 Meter hoch, Schneeberg, und zugleich in die Randgebiete der Slowakei und Ungarns, beinahe schon in die Puszta. Diese besondere Lage war entwicklungsmäßig

Die russisch-orthodoxe Kirche im Diplomatenviertel des 3. Bezirks.

wichtig zwischen den Völkern und Nationen, dem Slawentum und dem Germanentum, nahe an Italien und zu den Magyaren und in den Balkan. Zugleich aber wurde Wien so auch zu einem Zentrum für Juden, kommend aus diesen oft erst langsam wachsenden Nationen.

Vor uns nun die Südhänge: Baden ist 25 Kilometer entfernt, alle Großen, von den Klassikern bis zu den Operetten-Meistern, komponierten dort; Mödling liegt am halben Weg, die Zwölftonmusik wurde dort mehr oder weniger erfunden; und zu unseren Füßen krümmen sich jene Wien einst vorgelagerten Dörfer, in denen tatsächlich originale Volksmusiker spielten und wo Unmengen an Wienerliedern komponiert und gesungen worden sind und noch immer werden.

Allein – trauen wir uns, setzen wir uns auf eine Wiese und schauen wir, empfinden wir, rekapitulieren wir ein wenig historisch. (Hinter uns liegt ein Dutzend Waldwege, die in anderer Hinsicht nicht minder welthistorisch-wirksam genannt werden mögen. Sigmund Freud ging dort vor 1900 oft spazieren, sammelte Eindrücke, kombinierte. Er, der Musik-Banause, hatte hier, in der Gegend der überbordenden Musik, seine Erkenntnis von den Möglichkeiten, das menschliche Unbewusste zu erfassen und in dieses einzudringen: von der Traumdeutung.) Hier lässt sich auch im Kopf tausend und mehr Jahre zurückspringen. Wien, einst mit den Nebenstädten die zweite spätrömische Metropole schlechthin, war im Mittelalter ein geschlossener Ort, aber immer Anziehungspunkt für die Musiker aus halb Europa. Der Minnegesang erlebte seine Blüte, Walther von der Vogelweide sei stellvertretend genannt, die Institutionalisierung von Sängerschulen, der höchstqualifizierten Musikausbildung und der schon legendären Wiener Sängerknaben sei zudem erwähnt. Dann, Renaissance und Frühbarock: Das europäische Herrschaftssystem begann sich mit und unter den Habsburgern langsam nach dem Südosten zu verlagern, das Musikleben profitierte davon. Wien wurde nach 1550 neben Burgund oder Italien sein neues Zentrum. Kriegszeiten, der Ansturm des Islam in der Form der europäischen Kriege gegen die Türken, welche erst vor Wien zum Halten gebracht werden konnten, der vielfältige und immer mit Italien zusammen gestaltete Barock: Wien war die Austauschstelle zwischen Deutschland und dem Süden, manchmal die Hauptstadt der Welt; und sogar die Kaiser komponierten hier.

Klassik, National-Epochen: Wien wird besonders damit und bis heute als Musik-Metropole assoziiert. Die Stadt war der gesuchte Platz. Mozart, Beethoven oder Brahms im 19. Jahrhundert sind die Paradebeispiele. Sie kamen und gingen nicht wieder. Tatsächlich war die Position Wiens nun ein Vorteil für diese Kunst. Die sich laufend erweiternden Kommunikationsmöglichkeiten der industriellen Revolutionen haben einen Musikaustausch bedingt, der vergleichslos war. Schon nach den Napoleonischen Kriegen, beim Wiener Kongress 1814/1815, als Europa neu geordnet worden ist, begann dies spürbar zu werden. Die Genres explodierten geradezu; die Musik wurde zum bewusst gesetzten Unterhaltungs- und Geschäftsfaktor für alle Schichten. Nebenbei gesagt, ein Rossini, ein Paganini, ein Liszt machten erst von hier aus ihre Weltkarriere.

Die Österreichisch-Ungarische Monarchie wuchs. Das Land war im legendären Fin de Siècle ausdehnungsmäßig das größte Europas und es beherbergte ein Dutzend an Völkern mit immer mehr eigenständig

Park und Spielplatz zwischen den Gemeindebauten.
Rechts: Blick in die Kohlgasse, 5. Bezirk.

empfindenden Kulturen. Die zweite Hälfte des 19. Jahrhunderts wird, ob der rasant entstandenen Bauten, gern die Ringstraßen-Epoche genannt. Das feudale Leben einer Großstadt (und Wien zählte damals zu den wohl sieben oder acht wichtigsten dieser Erde) spiegelt sich eben auch im Musik-Machen, im Musik-Erfinden plus -Verwerten, wider. Wien war – das wird heute oft nicht entsprechend gewürdigt – eine der Basis-Städte für die Musik-Vermittlung geworden, als Schmelztiegel für die Ausübenden aus vielen Nationen, als Auffangbecken für die so unterschiedlichen Formen der jüdisch getragenen Musik. Vor allem aber war Wien der Ort, wo man die Vermittlung von Musik selbst höchst professionell betrieb, und zwar in Form der Massennotendrucke – vergleichbar heute nur mit dem Einsatz von CD's, DVD's, Videos, iPods.

Von hier aus, gelenkt aus Wien, begann das, was heute noch musikalische Moderne heißt und zum Teil noch immer nicht allgemein akzeptiert wird. Von hier aus aber auch geschah mit dem Ersten Weltkrieg der eigentliche Aufbruch in eine Moderne, die im 20. Jahrhundert zunächst einmal zur nächsten Weltkatastrophe führen sollte.

Wien nach 1918? Wien um 1933/1938, nach 1945?
Die Fragen lassen uns auch musikalisch nicht los. Im Gegenteil. Die Wiener sind weiterhin selbstherrlich und größenwahnsinnig, was ihre so riesige Geschichte, vor allem diejenige der Musik betrifft. Sie sind in den letzten Jahrzehnten durchaus offener, suchender, geworden, was Vielfalt, Ideologien und Brutalitäten in ihrer Kulturgeschichte anlangt. Sie sind zugleich aber auch weinerlich geblieben; Wiener Menschen und Musik – man darf sagen: mit zugelassenem und existierendem Selbstbewusstsein im Weltmaßstab und zugleich in steter Flucht vor dem Fluch der Größe.

Wien und Musik und alles im 20. Jahrhundert ist dafür das vielleicht markanteste Beispiel. Brahms und Bruckner waren eben erst verstorben, Hugo Wolf schon in seiner Endphase, Gustav Mahler Hofoperndirektor und am Weg, Generalmusik-Direktor Nummer 1 der Welt zu werden, er revolutionierte das Dirigieren an sich, die Darstellungsformen der Musikbühnen und komponierte als Letzter in der großen österreichischen klassisch-romantischen Symphonie-Tradition, immer an der Grenze die musikalische Orthodoxie zu verlassen. Dies taten in den ersten beiden Jahrzehnten Arnold Schönberg und seine Schüler, vor allem Alban Berg und Anton Webern. Allein, deren Nachfolger oder Zeitbegleiter während der ersten beiden Dezennien? Richard Strauss war Operndirektor hierorts; parallel existierten tatsächliche und selbst ernannte Neutöner, oft noch immer führend für alle Welt, und Spätromantiker oft mit sehr nationalistischen Zügen. Parallel entwickelten sich von Wien aus der Musikfilm, die Vorläufer des Musicals bis hin zur Musikrevue und des großen institutionalisierten bürgerlichen wie sozialdemokratischen Konzertbetriebes. Namen wie Benatzky oder Stolz, Fall, Eysler, Kálmán, Strauß mögen für Hunderte andere stehen.

(Noch einmal etwas dazwischen geschoben. Schlimmes nun. Damals, 1914, brüllten fast alle mit, spielten Krieg, waren gierig nach ihm, beseufzten ihn wie eine überständige Jungfer, „Reinigung" – sic! – erwartete man von dem späteren Weltkrieg. Auch die Operettenkaiser waren voll dabei, auch Schönberg, Berg, Webern, Adler, Korngold sen., Hofmannsthal, Kuh, Polgar, Zweig …)

Allein, nach 1918 kam es noch schlimmer. Die Hälfte, weit mehr als die Hälfte sogar, war verletzt, vielleicht am Leib, jedenfalls aber in den Seelen. Die Größe und das Wien-Genie waren zur räumlichen, dann auch zur ideologischen Enge mutiert. Man erfing sich irgendwie. 1938 hörte Österreich überhaupt und ganz und sehr freiwillig zu existieren auf. Von dem damit einhergehenden brutalsten Schnitt in seine Musik durch Mord und Vertreibung hat es sich nicht mehr erholt, ja erholen können.

Nach 1945 – Wien motivierte sich als zerbombte und vierfach besetzte Stadt zunächst wieder mit Musik. Konzerte und Bühnenbetrieb waren das erste Funktionierende. Eine, ja mehrere neue Generationen sogar vermein(t)en frech, nun eben Traditionen und Innovationen permanent fortzusetzen. Das führ(t)e bis jetzt, bis nach 2000, zu dieser gleichviel wundersamen wie absurden Situation in jenem Doppel Wien/Musik dazu, dass es den wahrscheinlich dichtesten Tagesbetrieb von Musik überhaupt gibt, also mehrere Opernproduktionen, Dutzende an Konzerten und zugleich auch deren Gegenveranstaltungen jeglicher Stile; dass hierorts Pop und besondere, oft wiederum tonale Wiener Neue Musik, wochenlange Festspiel-Szenen aus dem Fundus mehrerer Jahrhunderte und Stile und so genanntem Wien-Modern als öffentlich höchstsubventionierter Kulturbetrieb stattfinden.

Amen (oder auch nicht – noch nicht). Wir stehen noch immer in den Hügeln oberhalb von Wien und schauen. Ein Teil, ein wichtiger, musikalisch vielleicht der wichtigste Teil der europäischen und damit über weite Strecken hin der weltweiten Musikhistorie, trug sich dort unten und dort drüben zu.

Wien hat als Musikstadt ganz besonders folgendes daraus resultierende Problem: Die Geschichte überfrachtet die Gegenwart, die Geschichte verpflichtet auch. Die Großereignisse im Bereich Musik-Wien der letzten Jahre und Jahrzehnte waren vor allem solche des Retrospektiven. Man könnte es eine Wiederentdeckung der Moderne nennen, als in den 60ern und 70ern Mahler und die Zweite Wiener Schule wieder in Festivals Konjunktur erlebten. Wien ist wieder Anziehungspunkt geworden, György Ligeti blieb wie temporär Leonard Bernstein, Hyperavantgardisten oder Alfred Schnittke. Grenzen überschreitende Stars wie Gulda, Koglmann, Krenek oder Zawinul gingen und kamen wieder. Das weltweit gesuchte System der Wiener Ausbildungsstätten hat sich manchmal allzu hart verfestigt. Die ansässige Musikuniversität ist mitsamt den Konservatorien gerade noch eine erste Adresse. Die Produktion von Musikfilmen und Fernsehshows mit Musik jeder Art hatte lange Konjunktur und liegt heute darnieder; die Wiener Festwochen im Frühsommer zählen noch manchmal zu dem Dutzend an wichtigsten Kapital-Festivals weltweit. Freilich, Wien war und ist „besonders", auch in diesem oft notwendigen Traditionalismus und im umfassenden Wiederverwerten; allein die Staatsoper ist der wahrscheinlich am höchsten dotierte einschlägige Musik-Bühnenbereich der Welt, und die öffentlichen Subventionen für Musik zwischen Aufführungspraxis und Neugestaltung sind, abermals staunend erwähnt, höher als in jeder vergleichbaren Stadt. Es ist der Ort des Darstellens von Musik an sich. In den letzten 40 Jahren wurden hier die einschlägigen Jubiläumsausstellungen ausschließlich auf der Basis von echtem Material gezeigt. Dabei ging es aber nicht nur um die legendäre vorvorige Jahrhundertwende oder Biedermeier, sondern vor allem um die zentralen Präsentationen (einschließlich aller

Auf dem Weg zu einer Hochzeit: Geldscheine bringen die Musiker zum Schweigen, sie drücken sich über ihre Instrumente aus.
Rechts: Stiftskirche Zum heiligen Kreuz, Garnisonskirche der nahe liegenden Garnisonskaserne aus der Zeit Maria Theresias mit dem Flakturm aus dem vorigen Jahrhundert. Im Hintergrund Wiens beliebte Weinberge.

verfügbarer Original-Quellen) zu Beethoven, Schönberg, zwei Mal zu Schubert, Strauß oder (auch zwei Mal und in aufwendigster Form, die weltweit je für Komponisten-Ausstellungen gewählt und bezahlt worden ist) zu Mozart.

Jetzt aber! Wir haben uns abermals auf den Weg begeben. Bergab – zwischen die Dächer – in die Stadt hinein – wieder sind es die Gassen – danach die Straßen.

Dann die Boulevards, wo seit über 1000 Jahren Musik gemacht worden ist, wo sie bis heute entsteht.

Halten wir noch kurz in den Außenbezirken an, ganz gleich ob diesseits oder jenseits der Donau. Eine Buschenschank, der Wiener Heurige, eine dieser unvergleichlichen Lokalitäten lädt uns ein, eine für besonderes, manchmal auch grenzwertig mieses Essen und verschiedene, manchmal (selten grenzwertig gute) Weine und – für Musik bekannte Institution.

Es gibt sie noch und es gibt sie wieder, die Ensembles dort, die von den Schrammeln begründet worden sind, mit Geigen, Harmonika und Gitarre, aber auch andere mit Bläser-Kammermusik, mit Gesang. Die Stadt hat neben ihren vielen Traditionen auch etwas, das keine andere besitzt: das Wiener-Lied. Tatsächlich und bewusst wiederholt, es gibt kein New-York-Lied, kein Rom-Lied, kein Tokio-Lied und so weiter in dieser Besonderheit. Nur Wien ist damit ausgezeichnet, nur Wien hat sich selbst damit ausgezeichnet. Natürlich ging und geht auch alles Hand in Hand mit dem sonstigen Wienerisch-Speziellen, mit der weichen Klassik seit über 200 Jahren, den Achsen Schubert – Strauß/Familie-Operetten-Wienerchanson.

Aber es ist mehr: die nachsingbarste Musik vielleicht und in der Stadt von Sigmund Freud und seiner so unterschiedlichen Schüler die Musik der Transzendenz und der Heftigkeiten zugleich. Wienerlieder, jede und jeder kann sie, singt sie mit und nach. Allein, was ist da alles in der Musik drinnen? Todessehnsucht, ein recht offener und lockerer Dialog mit Gott, Weinseligkeit, Frauen-Anbegehren und Frauen-Verachtung.

Die Nacht läuft dahin.
Ziehen wir doch durch die Straßen zurück mit Musik im Ohr und in der Seele. Nirgendwo ist das so leicht und zugleich so gefährlich wie jetzt. Gut geführt, mit einem kundigen und liberalen Cicerone sozusagen, lassen sich auch der Underground mit heftigem und brutalem Austro-Rock finden oder in Hinterzimmern von Gastwirtschaften rund um die Märkte auch Orte, wo man abermals recht Grenzwertiges aus Alt-Wien präsentiert: Extremschrammeln, Komödienlieder, Musik und Pornographie.

Wien und Musik, das ist ein Welt-Topos.
Er stellt einmal die Tatsache vor, dass hier bei weitem das Meiste an Symphonischem und Kammermusik, Wichtigstes aus dem Opernbereich und das, was Lied in allen Schattierungen heißen mag, verinnerlicht, erlebt worden ist. Man sagt weiter, es ist gleichviel die Stadt der Tanzmusik, der Operetten, des tatsächlichen Neuformulierens von Musik. Wir können erleben, dass hier eine lebendige Musikszene herrscht, wie es das in dieser Vielfalt in keiner anderen Metropole vielleicht auch nur annähernd gibt.

Doch die Menschen sind, gerade in und mit diesen Klängen und zugleich dieser intellektuellen Vielfalt jener Kunst, eine gebrochene, eine oft aufbegehrende, auch eine weinerliche, eine jauchzende und eine manisch-depressive Gesellschaft.

In Wien und aus Wien heraus zeigt sich erst die Macht der Musik. Ihre Glückseligkeit und ihre Fratze. Ihre Glückseligkeit ist ihre Fratze. Wien liebt sie, die schlackenreine Musik selbst und die Macht zugleich, die von ihr ausgeht. Man ist währenddessen böse auf sie, nimmt sie mit zu Vernichtungen und geht mit ihr in individuelle Himmel hinein.

Aber – was will man schließlich mehr von einer Stadt, was akzeptierte man darunter denn in einer Stadt, wo irgendwie lebendig und weiterhin stets wie neu aufgeführt so unendlich viel blieb – dass es jetzt aus Tausendschaften an Möglichkeiten nur zu Geschmacksanreizen ein paar abschließende Brocken quasi vorgeworfen, vorgespielt, angespielt geben soll. Denn Wien-Musik ist nämlich: vom *Strauß Schani Wein+Weib+Gesang*, Beethovens Ode an die Freude, Mozarts Kleine Nachtmusik, Deutsches Renaissance-Madrigal, Schuberts Erlkönig, Schnitzlerklangrede, Bergs Wozzeck, ein Haydn-Streichquartett, *Tänze von Brahms und Brünstiges von Bruckner*, *Gassenhauer der Alt-Wiener Volkskomödien*, Austro-Pop, Fledermäuse und Lustige Witwen, Emigranten-Musik, mittelalterliches Singen von der und in der Minne, Hofkapellenfestklänge, Dudler, Lanners Schönbrunner, brüllend und ordinär und faschistisch Geröltes, eine Mischung aus dem Osten von Klezmer und Balkan und Böhmischem, Tingel-Tangel aus dem Prater-Vergnügungspark, Schönbergs Brutalität und Josef Strauß, Biedermeier-Süße bis zu Webern, der Aufschrei der Klänge, der Herrgott und das Komatrinken, Cool Viennese Jazz, Cerha, Strohmayer, Pamer, Schreker, Lang, die Expressionismuserfindung und immer weiter, beklommen: „… leise, ganz leise, klingt's durch den Raum, zärtliche Weise, Walzertraum … einmal noch beben, eh' es vorbei, einmal noch leben, lieben im Mai!".

Jetzt kommt aber wirklich gleich das Amen.
Die Nacht schwindet beinahe. Wir sind vor einer Wurstbude (dem so genannten legendären Würstelstand) gelandet: eine Flasche Bier, ein (zwei) Glas Wein, es trinkt und reibt sich am kleinen Vorplatz. Zwischendurch ein wenig Gebratenes, eingelegtes Gemüse. Wir essen in kleinen Gruppen, auf der Straße, auf und zwischen den Gassen dieser Wien-Musik. Mit Schubert. Am/vom Digi-Gerät. Sex pur. *Nachthelle* klingt auf. In zwei Dritteln dieser Erde, mindestens, würde man nach dieser Eros-Musik verhaftet. Kompositorisch wie inhaltlich eine Provokation. „Die Nacht ist heiter und ist rein … mit allerhöchstem Glanz … die Häuser schau'n verwundert drein … sind übersilbert ganz … es muss hinaus … die letzte Schranke bricht …".

Aus dem Radio-Lautsprecher drinnen im Würstelstand wehen sogar noch mehr Klänge hervor, ein (verarschendes) Potpourri? Narren uns unsere Ohren? Sind wir tatsächlich schon dergestalt vereinnahmt worden? Fetzen aus Wien-Musik und Wienerlied aus Eros und Thanatos … *Wien, Wien, nur Du allein … Rock me, Amadeus! … Wiener Blut …*

Jahr für Jahr finden in der Votivkirche, dem sogeannten Ringstraßendom, Konzerte aus unterschiedlichsten Weltgegenden statt.

Der Wiener Musikverein gilt als Synonym für Wiener Musikqualität, schließlich „wohnen" hier die Wiener Philharmoniker. Der berühmte Große Musikvereinssaal, der Goldene, gilt als einer der schönsten und akustisch besten Säle der Welt.

Wenn wir nur noch das sehen,
was wir zu sehen wünschen, sind wir bei der
geistigen Blindheit angelangt.

Marie von Ebner-Eschenbach

Blickrichtung Kahlenberg, Leopoldsberg

Wien muss mit seinen sechs Flaktürmen leben, wegsprengen würde weite Stadtteile vernichten. Sie bleiben als Mahnmale an eine pervertierte Zeit erhalten. Sie dienten ab 1944 zur Fliegerabwehr und zum Schutz der Zivilbevölkerung. Die Nachnutzung verlangt viel Fantasie. Das Haus des Meeres im 6. Bezirk – erkennbar an der Beschriftung (in the still of the night) – hat auf diesem Weg eine Heimstatt gefunden und die Kletterer ein Stadtgebirge aus Beton.

Das Wiener Allgemeine Krankenhaus im 9. Bezirk ist das Universitätsklinikum der Stadt. Es ist eines der größten Krankenhäuser Europas und das größte Österreichs. Die beiden Blöcke beherrschen das Stadtbild und sorgen für ausführliche Architekturkritik.

Vorne: Canisiuskirche im 9. Bezirk, dahinter: Das Kloster der Unbeschuhten Karmeliten wurde in Österreich erstmals 1622 in der Leopoldstadt gegründet. Ende des 19. Jhs. fand der Orden eine neue Heimat in Döbling, Silbergasse und errichtete zwischen 1898 und 1901 das heutige Kloster mit der neuen Kirche zur Hl. Familie im 19. Bezirk.

*Seit 1974 bildet das eigenwillige Gebäude der AUVA, der Allgemeinen
Unfallversicherungsanstalt im 20. Bezirk, eine Blickbarriere
ans jenseitige Ufer der Donau.*

Signifikant die Barnabitenkirche in der berühmten Einkaufsstraße von Mariahilf. Rechts im Vordergrund das von der Jugend gern besuchte Appollo-Kino.

Rechts: Austria Trend Hotel Ananas (grüne Kuppel) und Kirche St. Josef zu Margareten (Sonnenhofkirche), sowie Fassaden der Linken Wienzeile im 6. Bezirk.

Architektur lügt nicht, sie verrät wes Geistes ihre Schöpfer waren. Wo urbane Großzügigkeit auf provinzielle Bedachtsamkeit stößt, wird der große Wurf so lange verniedlicht, bis ihn Kleinbürger gutheißen.

Genau diese Art von Dachlandschaft ist die Herausforderung für eine zeitgemäße, zukunftsorientierte Architektur. Nicht kopieren, sondern kapieren! Maßstab, Formenreichtum, Harmonie mit der Umgebung wären die einfachen Vorgaben, denen heute kaum ein Architekt mehr gewachsen ist. Sich auf den Zeitgeist oder neue Formen auszureden bedeutet nichts anderes als das Eingeständnis für den Mangel eigener Gestaltungsfähigkeit.

Imperialismus und Industrialisierung sind die großen Komponenten, die Europa im 19. Jh. nicht nur tiefgreifend verändern, sondern auch reich machen. In diesen Strom gerät Wien als Zentrum habsburgischen Machterhalts. In dieser Phase erfährt Wien eine nachhaltige Prägung. Ein kostbares, ebenso kostspieliges Erbe.

Immer noch gegliedert, immer noch in der Spannweite des Verträglichen, trotzdem eine eigenständige Architektur – abgesehen von den Reihenhäusern im Vordergrund, die sich aus dem Wiener Umland in die Stadt verirrt haben.

Vor einigen Generationen wurde Wien als „Märchenstadt" tituliert. Mit dem Schnee kehrt der Zauber manchmal zurück. Die sanfte Decke verklärt den Anblick und die Kinder jubeln. Ernst Molden singt: „Von ganz oben hauns obe an Schnee ... von oben vom Juchhe". Und man behauptet, solches kann nur aus einer Stadt kommen. Impressionen aus dem 5. Bezirk.

In der Wiener Kaiserstraße im 7. Bezirk findet sich die Lazaristenkirche, sie wurde von Friedrich Schmidt in den 1860er Jahren im neugotischen Stil erbaut.

Der bekannte Rundbau im 7. Bezirk wurde als „Mariahilfer Zentralpalast" bzw. „Erstes Wiener Warenmusterhaus", genannt „Stafa", errichtet. Gegenwärtig erfolgt der Umbau in ein Hotel.

Er gilt als der schönste Bahnhof Österreichs, der neue Wiener Westbahnhof im 15. Bezirk, der 2010 feierlich eröffnet wurde. Ursprünglich, 1858 war hier der Kopf der „k.k. privilegierte[n] Kaiserin-Elisabeth-Bahn" nach Linz. Nach dem 2. Weltkrieg wurde 1951 der Nachfolgebahnhof dem Verkehr übergeben, die Halle steht heute unter Denkmalschutz.

Die Wiener Stadthalle, 1957, eines der größten Veranstaltungsgebäude Europas im 15. Wiener Bezirk, fasst über 16.000 BesucherInnen und verfügt über fünf spezielle Arenen. Im Jahr zählt man über eine Million Gäste bei den unterschiedlichsten Events, vom Auftritt berühmter Popstars bis zu Shaolinmönchen oder den schnellsten Dressurpferden. Die Planung stammt von Roland Rainer.

Maria vom Siege ist unverkennbar ein Werk des 19. Jhs., errichtet nach Plänen von Friedrich Schmidt. Direkt am Mariahilfer Gürtel, im 15. Bezirk, gelegen, entbehrt das Gebäude eines würdigen Rahmens. Eingepfercht in neuere Wohnbauten, ist der ursprüngliche Widmungsgedanke der Vorstadtgemeinde Fünfhaus kaum mehr zu ahnen.

Wenn die Zeit kommt,
in der man könnte,
ist die Zeit vorüber,
in der man kann.

Marie von Ebner-Eschenbach

Blickrichtung Nordwesten & Westen

Otto Wagner drückte der Stadt vielerorts seinen Stempel auf. Die klare Anlage der Nervenheilanstalt am Steinhof im 14. Bezirk krönt der Kuppelbau der Kirche. Bei der Einweihung 1907 missfiel dem Thronfolger, Franz Ferdinand das marmorverkleidete Gebäude. Das kostete dem zielstrebigen Architekten etliche Aufträge und die Stadt büßte einige Werke seiner unverwechselbaren Handschrift ein.

Die Geschichte des Schlosses am Wilhelminenberg im 16. Bezirk, der eigentlich Gallitzinberg heißt, handelt von häufigem Besitzerwechsel, auch von Zerstörung und wenig ruhmvollen Benützern. Nunmehr gehört die renovierte Anlage mit dem riesigen Park der Stadt Wien. Eine Hotelkette bietet Gästen einen genussvollen Aufenthalt mit weitem Blick auf die Stadt.

Oben: Kirche zum Hl. Klemens Maria Hofbauer, auch Gatterhölzl genannt, im 13. Bezirk.

Während auf der Ringstraße die Palais des Geldadels errichtet werden, entstehen an der Peripherie die Zinskasernen. In bestimmten Phasen war die Gesellschaft besser ausbalanciert. Im 19. Jh. triftet sie unter den Augen des Monarchen weit auseinander.
Erst im frühen 20. Jh. errichtet die Gemeinde Wien menschenwürdige Wohnbauten, die sogenannten Höfe. Der größte Gemeindebau ist der Karl-Marx-Hof, mit 1,6 km Länge und 3000 Wohnungseinheiten. Die Anlage kommt 1934 zu bitteren Ehren. Aber der soziale Wohnbau macht in ganz Europa Schule.

Sechs Kilometer vor der Stadt, die Wien flussaufwärts erstreckte sich ein liebliches Bauernland. Die Vorfahren Maria Theresias hatten dort ein Jagdschlösschen, die Katterburg. In den Türkenkriegen wurde das Anwesen zerstört. Johann Bernhard Fischer von Erlach war angehalten, eine repräsentative Sommerresidenz zu planen, dabei sollte sogar Versailles übertrumpft werden. Realisiert wurde das Schloss nicht auf der Anhöhe sondern im Tal und böse Zungen lästern: der Finanzminister wäre Österreichs bester Architekt gewesen. Heute erfreut sich die Anlage über rund 1,4 Millionen Besucher im Jahr.

Das gelbe Quadrat im Vordergrund definiert die U4 in Meidling. Dahinter baut sich Schloss Schönbrunn auf, die Pfarrkirche Maria Hietzing und ganz im Hintergrund die Kirche Ober St. Veit und der so genannte Himmelhof am Rande des Lainzer Tiergartens.

Der Küniglberg ist ein Synonym für das staatliche Fernsehzentrum, den ORF im 13. Bezirk. Ein Werk des Stadtplaners Roland Rainer. Künftig soll die Anlage modernisiert und für die heimischen Radiosender ausgebaut werden; ein umstrittenes Projekt.

Linke Seite im Vordergrund: Der Hofpavillon der einstigen Stadtbahn wird von der Stadt Wien aufwendig renoviert. Obwohl ein Profanbau, hatte Otto Wagner für das secessionistische Gebäude eine Kuppel vorgesehen. Das Hietzinger Rathaus wurde erst 1914 in Betrieb genommen und 1978 durch einen Zubau erweitert.

Rechte Seite: Kirche Hl. Johannes von Nepomuk (Meidlinger Pfarrkirche), erbaut von Carl Roesner, daneben Diagnosezentrum Meidling, beides im 12. Bezirk.

Johann Kräftner
Eine Offenbarung

Traditionen

St. Stephan ist für Wien so etwas wie der Nabel der Welt. Schon die Topographen des barocken Wien blickten gerne aus dieser Mitte der Stadt hinaus auf die Vorstädte und die Vororte, auf die letzten Ausläufer des Wienerwaldes im Westen der Stadt, den Kahlenberg und den Leopoldsberg.

Abgelöst wurden sie dann durch die Fotografen: Noch in ihren Kinderschuhen eroberte die Fotografie auch schnell diesen einzigartigen Topos und die Fotografen benutzten ihn, um von weit oben auf Wien und aus der Stadt hinaus zu schauen. Wie ganz selbstverständlich entstanden die ersten Panoramen aus der Türmerstube dieses steinernen Vermächtnisses Wiens an seine Geschichte.

Dass diese fragile steinerne Nadel heute längst Konkurrenz bekommen hat, wollen sich viele noch immer nicht eingestehen. Stadtbild ist etwas Lebendiges, stetem Wandel, steter Veränderung unterworfen, die nicht zu verhindern ist, durch keine Vorschriften, auch nicht durch die „Nobilitierung" zum Weltkulturerbe, was immer dieser Unsinn soll. Auf dem Areal des ehemaligen Liechtensteinischen Majoratshauses entstand so schon zwischen 1931 und 1932 das erste Hochhaus, das nach Plänen der Architekten Siegfried Theiss und Hans Jaksch errichtet werden konnte – eine erstaunliche Leistung der Moderne im Gewebe der Wiener Altstadt. Freilich erbaute man dieses heute über jede Diskussion erhabene Meisterwerk funktionalistischer Architektur, bekannt als Hochhaus Herrengasse, nicht ohne Proteste, man machte sich Sorgen um die Alleinherrschaft von St. Stephan im Wiener Stadtbild, der Architekt Albert Linschütz rief zum Widerstand gegen den Bau auf und erhielt erstaunlicherweise Unterstützung durch Josef Frank, dem wohl wichtigsten und einzigen wirklichen Vertreter einer kompromisslosen Moderne in Wien.

Wahrscheinlich würde die Errichtung eines ähnlich dimensionierten Hauses mit seinen lächerlichen 50 Metern Höhe auch heute ähnliche, wenn nicht sogar viel größere Proteststürme entfachen. Damals wurde es zum Symbol eines neuen Wien, gefördert kurioserweise von der erzkonservativen christlich-sozialen Regierung des Staates, die damit die sozialdemokratische Stadtregierung ausgestochen hatte, nachdem diese mit der Errichtung eines Gemeindebaus in Form eines Hochhauses am Alsergrund gescheitert war. Es gab aber auch Stimmen, denen die Dimension dieses Meilensteins der Wiener Stadtentwicklung allzu lächerlich erschienen war. Der sonst eher als konservativ einzuschätzende Architekt Oskar Strnad forderte ein mindestens 200 Meter hohes, den Stephansdom also klar überragendes Hochhaus für diesen Ort.

Abseits all dieser Diskussionen muss dieses Monument der Moderne eine magische Anziehung auf innovative Köpfe ausgeübt haben, blättert man in der Liste der dort Logis nehmenden Mieter, die sich bis heute nahtlos fortsetzt: Franz Theodor Csokor, Max Fellerer, Hans Jaray, Curd Jürgens, Albin Skoda, Oskar Werner oder Paula Wessely zählten zu den Bewohnern der heroischen Frühzeit dieses Marksteins der Wiener Architekturgeschichte.

Die Lichter der Großstadt sind ein eigenständiges Thema geworden. In der Umgebung Wiens ist seit Jahrzehnten die Rede von der „Wiener Lichten", einem Lichtdom über der Stadt, der bis weit nach Niederösterreich hinein strahlt. Am meisten beklagen Astronomen den milden Schein; die Milchstraße kennen Stadtkinder kaum mehr. Besorgte Menschen sprechen vom Lichtsmog. Die Gemeinde Wien sorgt durch punktgenaue Strahler für effiziente Beleuchtung, z.B. beim Stephansdom, 1. Bezirk.

Erst zwischen 1954 und 1957 konnte dann als erfolgreiches Konkurrenzprojekt der Wiener Sozialdemokratie das nach Plänen der Architekten Ladislaus Hruska und Kurt Schlauß errichtete, inklusive Antenne 68 Meter hohe Hochhaus der Gemeinde Wien am Matzleinsdorfer Platz entstehen. Auch bei diesem Projekt war man sich von Anfang an seines Stellenwertes als Topos im Wiener Stadtgefüge bewusst und schuf ganz gewollt einen neuen Aussichtsort, der als Äquivalent zum Café auf dem Hochhaus in der Herrengasse in seinem obersten Stockwerk ein Restaurant beherbergte. Auch dieses Bauwerk wurde bald zu einem Prestigeobjekt, dessen auch prominente Bewohner ein ganz besonderer Stolz mit ihrem Zuhause verbunden hat.

Mit ihren Gaststätten waren beide Hochhäuser, noch weit davon entfernt, in die wirklich moderne Sphäre des Wolkenkratzers vorgedrungen zu sein, als Ausblickspunkte Konkurrenten zum alten Monopolisten Stephansdom geworden, der nunmehr selbst in das Blickfeld geraten war. Wenn dort noch dazu eine Fotografin ihr Zuhause findet, ist es zu verstehen, dass irgendwann der Gedanke entsteht, die aus der Höhe gewonnenen Eindrücke auch zu dokumentieren und festzuhalten. Über die Jahre hindurch ist durch Margret Wenzel-Jelinek so etwas wie ein sehr unorthodoxer „Film" entstanden, der im Zeitraffer dieses Buches das Wachsen der Stadt und dessen ungebremste Dynamik, den intensiven Wandel vor unseren Augen abrollen lässt.

Autopsie einer Stadt

Es liegt mit diesem Buch eine Beschreibung dessen vor, was Stadt ist, ein Blick auf die Stadt mit all ihren geraden Entwicklungen und Kontinuitäten, ein Blick aber auch auf eine Stadt mit unglaublichen Brüchen und Entfremdungen. Es entsteht eine Erzählung, eng verwandt mit den Schilderungen, wie sie uns Adalbert Stifter oder Thomas Bernhard geschenkt haben, Schilderungen, die uns durch ihr ewiges Wiederholen, durch den immer wieder leicht variierten Vortrag, der dann doch wieder eine kleine Neuigkeit parat hat, in Mark und Bein erschüttern und nachhaltig treffen. Der immer wiederkehrende Blick auf die Stadt schärft den flüchtigen Eindruck und gibt ihm Struktur und Ordnung.

Die Offenbarung

Was passiert in dieser Stadt, was passiert mit dieser Stadt? Kein Stein bleibt auf dem anderen, könnte einer der Schlüsse sein, blättert man durch diese Fotos. Vieles, was man zu kennen glaubt, erscheint plötzlich in ganz anderem Licht, rückt aus dem Mittelpunkt in die Bedeutungslosigkeit, um Anderem Platz zu machen, das dann für einige Zeit den Horizont bestimmt, um alsbald selbst wieder verschluckt zu werden. Wenn man versucht, in historischen Dimensionen zu denken, wird man ernüchtert in diese Panoramen hineinschauen. Wenn man noch im 19. Jahrhundert den Blick in historische, geordnete Strukturen wie selbstverständlich wahrnehmen konnte, so springt dem Betrachter hier nur mehr eines entgegen: die offenbar hilflos hingenommene geplante Planlosigkeit, die geplante Unordnung. Wir müssen natürlich zur Kenntnis nehmen, dass das 20. Jahrhundert ganz anderen Regeln gehorcht als die vorangehenden. Wir können uns keine geschlossene Dachlandschaft im Blick von oben erwarten,

Das zweite der Wiener Hochhäuser, erbaut 1954–1957, von dem aus das Bildmaterial dieses Buches im Laufe der Jahre fotografiert wurde, anfangs analog und in jüngerer Zeit digital.

Höchst reizvoll gebärdet sich das Wiener Wetter. Die Gemengelage zwischen pannonischem Klima und reinen Westströmungen erzeugt groteske Rauchfahnen oder lässt die höchsten Gebäude über der Stadt schweben.
Mit großer Erleichterung lässt sich feststellen, dass die Wiener Luftqualität dank verschiedener Maßnahmen von Jahr zu Jahr besser wird.

wie sie heute noch viele Altstädte Mitteleuropas besitzen. Wir können auch nicht von einem Bild ausgehen, wie es sich vor uns darbietet, blicken wir vom Prager Hradschin auf die Goldene Stadt an der Moldau, wo sich das ganze historische Ensemble, aber auch die wenigen Eindringlinge in dieses historische Ambiente, zu kaum erträglicher Schönheit und Harmonie entwickeln. Erst weit im Hintergrund rücken an dieses Ensemble einige wenige Hochhäuser, Funk- und Fernsehtürme heran, die das Stadtbild beeinträchtigen – oder doch eher mit neuen Akzenten mitbestimmen.

Es ist auch nicht der Blick, wie wir ihn von einem der vielen Hochhaustürme Tokios über diese Stadt haben, beherrscht von einer Szenerie, die dort an Tagen mit guter Sicht mit dem Fujiyama nach der einen, mit dem Blick auf die Tokio Bay auf der anderen endet. Dazwischen liegen die Tag und Nacht vom Leben der Stadt pulsierenden Verkehrsbänder, liegen die dichten Schluchten der Hochhäuser mit ihren delikaten Architekturen, die dort wie am Fließband dieses Stadtbild immer wieder neu definieren.

Schaue ich auf die Vogelschaubilder Wiens, merke ich von solchem Leben gar nichts, allein im Blick nach ganz unten, auf das Geschehen am Fuß des Hochhauses, bewegen sich in biedermeierlicher Betulichkeit einige Menschenkinder. Wo in Tokio die Stadt selbst in der Nacht im bunten Licht urbanen Lebens erstrahlt, ist im Fall von Wien auch diese Qualität eine sehr begrenzte. Der angeblich so grandiose Blick auf die Wiener Innenstadt aus der Bar jenes Hotels, das der Wiener Metropolitankirche sogar seinen Namen entlehnt, war letztlich auch nur eine Enttäuschung, im letzten Licht des Nachmittags strahlte von dort die Stadt wirklich, aber dann, als die Dunkelheit über das städtische Gewebe hereingefallen war, konnten sich um die Nadel des Stephansdoms – und nur sie war beleuchtet – nicht einmal das mächtige Dach der Kathedrale, nicht viel an hellen Punkten im Stadtbild entfalten.

Was sich dann im Gegenzug am Wiener Stadtbild, so wie es sich in den Panoramen und den durch das Teleobjektiv verdichteten Blickachsen Wenzel-Jelineks in die Ferne, in ganz engen Korridoren über Wiens Bezirke hinweg, offenbart, ist auf den kleinsten Nenner gebracht: die Qualitätslosigkeit des Baugeschehens der letzten Jahrzehnte. Hier beherrscht über weiteste Bereiche üble Spekulation das Geschehen, selbst die kleinsten Dachbodenaufbauten – vielleicht wenige Beispiele von Stararchitekten ausgenommen, die aber in keiner Weise prägend und bestimmend sind – tragen nichts Positives zu einem lebendigen Gesamtbild der Stadt bei, sondern sind nur einem Motto zuzuordnen: die Grenzen der Bauordnung so intensiv wie nur irgendwie möglich auszuschlachten, ohne auf Lebensqualität, ohne auf baukünstlerische und architektonische Qualitäten zu schauen. Es ist ein ganz anderer Wildwuchs als der, der sich über den Dächern von Rom und Paris entwickelt, wo eine exuberante Phantasie und Wildwuchs im ganz positiven Sinn das Geschehen dominieren. Man wird hier in diesen oft erschreckenden Bildern mit einer Realität konfrontiert, die man auch von unten Schritt für Schritt erleben kann, die sich ganz allgemein in einem gewissen Unmut und einem Unwohlsein der Wiener Bürger gegenüber allem Neuen manifestieren. Eigentlich sollte man froh sein, glücklich sein, dass gebaut wird, dass investiert wird, dass erneuert wird, dass neuer Wohn- und damit vielleicht auch Lebensraum entsteht, aber leider sind die neuen Beiträge fast nie positiv. Unglaubliche Hässlichkeit zieht in

nicht zu überbietender Wurschtigkeit und einem nicht zu übertreffenden Zynismus in diese Stadt ein, denke ich etwa an Spaziergänge durch den 15. Bezirk. Dass dieses immense Misstrauen gegen alles Neue entstanden ist, versteht man schon bei einer ersten oberflächlichen Durchsicht der Bilder dieses Buches sehr schnell, ein Befund, der sich auch aus der allgemeinen Fußgängerperspektive bestätigt, wo hässliche Belanglosigkeit, tristes Grau, das Fehlen von Grün in den meisten Straßenzügen die Dominanten sind. Es gibt kaum ein Grätzl, um diesen urwienerischen Ausdruck zu erwähnen, wo durch die Aktivitäten der letzten Jahrzehnte die Stadt lebenswerter geworden ist, die die Bürger der Stadt motivieren würden, hier zu bleiben, nicht vor jedem Wochenende die Flucht zu ergreifen, um das Grün vor den Toren der Stadt in deren Umfeld zu suchen, eine wahrlich wienerische Krankheit.

Ich verstehe an Wien auch nicht, wie man Statistiken so frisieren kann, dass sie als eine der grünsten Städte präsentiert wird. Die lächerlichen Parks im Bannbereich der Wiener Innenstadt, an denen auch noch, wie im Stadtpark, immer mehr genagt wird, wo selbst die Stadtgärtner auf ehemals wunderbar grünen Schmuckplätzen wie dem Schlickplatz dazu beitragen, dass solche Plätze zur Lachnummer degradiert werden, sollten wohl nicht genug sein, Wien ungestraft als Grünoase vermarkten zu können.

So ist dieses Buch auf der einen Seite klammheimlich eine einzige Anklage gegen die Planlosigkeit, gegen die Phantasielosigkeit, gegen die Stadtplanung und gegen die Architekten in Wien, die in einzigartiger Harmonie, in enger Umarmung, im unseligen Paarlauf mit der Stadtverwaltung die gesamte Stadt seit Jahrzehnten kontinuierlich zerstören.

Die Poesie des Verfalls

Dass dieser Müll aber auch seine poetischen Seiten für das Auge eines Fotografen besitzen kann, zeigt uns Wenzel-Jelinek. Ihre Poesie, ihr permanent rotierender Blick, der von dem einen Punkt in Wien wie ein Radarstrahl unbestechlich bis weit in die Randbereiche vordringt und das Gefüge durchleuchtet, machen das ganze Desaster erst wirklich sichtbar. Erst die fast perverse, masochistische Liebe zu dieser Stadt, die sich in diesen Bildern offenbart, die sich meist an ganz Banalem, nicht an deren großen Schätzen entzündet, verführt uns dazu, dass wir uns mit dem Material auseinandersetzen, in diese Veduten hineinsehen und nach einer ersten Überwältigung auch die dunklen Seiten dieses Blickes realisieren. Es präsentiert sich eine Stadt, ganz ohne die Eleganz von Paris, unglaublich pragmatisch, in der die Menschen fast wie Puppen und Fremdkörper agieren. Wir sehen eine ganz andere Stadt als sie der Fußgänger von unten erlebt, der in die Realität der engen Gassen eingezwängt ist, in einer Stadt fast ganz ohne Plätze und großzügige Achsen zu leben gezwungen ist, in einer Stadt, die als Antimodell zu jedem urbanistisch interessanten Ansatz zu bezeichnen ist.

Eine Stadt, die sich trotz ihrer Entfestigung niemals aus den zementierten Fesseln ihrer Umarmung durch die Ringstraße befreit hat, eine Stadt, die es auch heute noch nicht wagt, jenseits dieser Grenze einen Akzent, beispielsweise durch den Bau eines neuen Wien-Museums, zu setzen. Eine Stadt, die sich eisern an ihre altersschwachen, historischen Spielstätten von Oper und Theater klammert und niemals auch nur die Idee andenkt, solche Inhalte auch mit denen neuer spektakulärer Architektur zu verbinden, die dann auch nur außerhalb des umhegten Stadtkerns Platz finden könnte.

Wenzel-Jelineks Geniestreich in ihren Fotos ist die Verbindung dieser bitteren und banalen Realität mit dem Licht, dem Atmosphärischen, der untergehenden Sonne, dem Schnee, die dieses abstoßend realistische Wien in den Schimmer und in den Glanz jener längst verflossenen Vergangenheit tauchen, von denen der Tourismus und sein ganzes um ihn herum gebautes Wien-Gedudl so gut und entspannt leben können.

Rings um den Wiener Zentralbahnhof entsteht ein neues Stadtviertel, das vor allem um den Südtiroler Platz greift. Im Verbund mit den Gemeindebauten aus früheren Jahrzehnten ergibt sich für diesen Stadtteil eine neue Gesamtkonstellation.

Die Straßen Wiens sind mit Kultur gepflastert, die Straßen anderer Städte mit Asphalt.

Karl Kraus

Blickrichtung Donau City

Wohn- und Bürobauten der Nuller-Jahre: Mischek Tower, Saturn Tower, Ares Tower im Bereich der Donaucity, 22. Bezirk.

Die Pfarrkirche zum hl. Franz von Assisi am Mexikoplatz im 2. Bezirk, 1898 geweiht, zeigt mit dem Rückgriff auf frühgotische Elemente sehr deutlich die Erstarrung im Wiener Kirchenbau, übrigens nicht das einzige Bauwerk dieser Art. Interessant ist, dass ungefähr zur gleichen Zeit Wagners Kirche am Steinhof geschaffen wird. Den einen Sakralbau erdrücken allmählich die Bauten der Gegenwart, der andere bleibt weiterhin sichtbares Zeichen.

Der Donau City Turm im 22. Bezirk, auch DC Tower, ist mit 250 Metern das höchste Gebäude Österreichs und bildet unweit der Reichsbrücke das Zentrum der Stadt „Transdanubien". Der Architekt, Dominique Perrault spricht von einer „liquiden Fassade", die er dem Donaustrom nachempfunden habe. Die Errichtungsgesellschaft plant einen zweiten Turm, der in den nächsten Jahren hochgezogen werden soll.

Interessant sind ein paar technische Daten. Das Gebäude wurde innerhalb von 3 Jahren errichtet. 60 Geschoße bieten eine Nutzfläche von 73.000 Quadratmetern. Verarbeitet wurden 110.000 Kubikmeter Beton und 20.000 Tonnen Stahl. Um die natürliche Schwankung des Turms bei Windböen von durchschnittlich 45 cm zu verringern, hat man ein 305 Tonnen schweres Pendel angebracht, an 19 Meter langen Stahlseilen aufgehängt und mit einem speziellen Stoßdämpfer verbunden. In Europa ist diese Konstruktion ein Novum. Der rasend schnelle Lift legt 8 Meter in der Sekunde zurück. Im 4. Kellergeschoß befindet sich ein Sprinklerbecken, das 700 Kubikmeter Löschwasser fasst. Bis alle Fenster einmal gereinigt sind, putzt ein eigener Trupp einen vollen Monat.

Das höchst attraktive Gebäude konnte mit 300 Millionen Euro finanziert werden und die Investoren sind zuversichtlich, dass sich das Unternehmen binnen kurzer Zeit rechnet. Der höchste Bau der Stadt stockt auf diese Weise das Kapital Wiens auf.

Wien:
Versuchsstation des Weltuntergangs.
Nichts da, ich bin kein Raunzer.
Mein Hass gegen diese Stadt
ist nichts als verirrte Liebe.

Karl Kraus und seine apokalyptische Großstadt

Blickrichtung Dachaufbauten

Gustav Peichl im Interview mit Manuel Marold
Wien aufgestockt. Aber wie?

Herr Professor Peichl, immer öfter sieht man in Wien, dass bei historischen Häusern die Dächer aufgestockt werden, teils mit umfangreichen Glasbauten. Ist das aus Ihrer Sicht ein bedenklicher Trend?
Ja, denn es ist in Wien wichtig, auf die Dachlandschaft Rücksicht zu nehmen. Es gibt in Österreich nur sehr wenige Städte mit guter Dachlandschaft – zum Beispiel Graz, Salzburg und vor allem Wien. Und da werden von den Investoren, die immer nur Quadratmeter schaffen, Wege gesucht, wie man auf bestehende Gebäude oben etwas draufpfropfen kann. Und das ist nur selten glücklich. Wenn Sie die neuen Dachausbauten in Wien anschauen, sind nur ganz wenige gut. Und mit gut meine ich gute Architektur. Das ist traurig. Schuld sind die MA 19 und die Baubehörde, die das genehmigen, schuld ist die Baugesetzgebung, und schuld sind Investoren und Architekten.

Das heißt, es werden monetäre Interessen über architektonische gestellt?
Ja, im Vordergrund steht das Umsetzen von Flächen für den Gewinn, der damit erzielt wird. Die Qualität tritt in den Hintergrund, vor allem im ersten Wiener Gemeindebezirk.

Wo sehen Sie das größere Problem der Dachausbauten? Ist es nur eine ästhetische Verschandelung oder auch die Zerstörung von Bausubstanz, die vielleicht gefährlich wird, weil etwas einstürzen könnte?
Also ums Einstürzen geht es nicht, denn die haben ja Statiker, die drauf aufpassen, dass nichts passiert. Aber es geht um die Qualität, um das Aussehen, es geht um die Beleidigung eines Gebäudes, die Beleidigung einer ganzen Gegend. Das ist die Krux. Man schaut mehr auf Gewinnmaximierung als auf das Erscheinungsbild und die Qualität der Architektur. Man sieht's ja, man muss ja nur mit offenen Augen durch die Innenstadt gehen. Da müsste die Baubehörde viel strenger sein und viel mehr darauf achten, dass durch einen Auf- oder Ausbau keine Beleidigung der Umgebung passiert.

Was muss konkret getan werden, braucht es neue Baugesetze?
Ja, die Baugesetzgebung bei uns ist im Argen, sie wird ständig geändert, aber nicht verbessert. Das ist schlimm für die planenden Architekten, hier müsste zum Beispiel die Architektenkammer geschlossen auftreten und Verbesserungsvorschläge machen. Es ist viel zu tun – es ist aber auch schon sehr viel zerstört worden, besonders in der Wiener Innenstadt.

Können Sie Beispiele für Gebäude nennen, wo diese Zerstörung oder Verschandelung besonders arg ist?
Wenn man mit dem Auto durch Wien fährt, ist das überall. Wenn man zum Beispiel die Zweierlinie entlang fährt, sieht man am Ende der Babenbergerstraße einen Dachaufbau, bei dem man förmlich spürt, dass jemand bemüht ist, um jeden Preis noch mehr Quadratmeter zu schaffen – aber die Ästhetik, die bleibt draußen.

Gustav Peichl
Architektur und Gesellschaft

Wie jeder schöpferische Akt kommt auch die Baukunst nicht durch Verwalten, Interessentenausgleich und Interventionitis zustande, sondern nur durch das Engagement von Einzelpersonen, der Begabten, der Schöpferischen.

Die Vereinigung von Kunst, Wissenschaft und Technik, der Hang zur Universalität machen den Beruf des Architekten zu einem lustvollen Dauerereignis.

Bauen ist Zeitgesinnung, öffentliches Bauen ist eine untrügliche Visitenkarte unserer politischen Kultur. Wir stellen uns in unseren öffentlichen Bauten, egal ob hoch oder tief, selbst dar. Wir haben es in der Hand, ob die von uns geschaffenen Bauten einst liebevoll gepflegtes Erbe oder dauerhafter Stein des Anstoßes sein werden.

Dass man die Architektur seit alters her zu den schönen Künsten rechnet, daran wagt heute kaum noch jemand zu glauben. Und der hehre Streit, den alle Klassiker noch mit Leidenschaft ausfochten, welche der drei bildenden Künste – Malerei, Bildhauerei, Architektur – denn die allerschönste sei, ist längst begraben. Der Streit, ob die Architektur zur Wissenschaft, zur Technik oder zur Kunst zu zählen ist, ist ebenfalls müßig. Sie wird von allen drei Kriterien bestimmt und in der üblichen Spezialisierung und Differenzierung der Wissenschaft und der Künste stellte die Architektur ein spärliches Reservat der Universalität dar.

Gesellschaftspolitische Highlights entstehen im Dreiecksnetz Bauherr – Politiker – Architekt. Die Architekten erleben sich in dieser Gesellschaft als deren liebster Sündenbock und Prügelknabe. Die Architekten sind auch kein einig Volk von Brüdern. Das Unbehagen der Architekten in der industriellen Gesellschaft ist ebenso groß wie das Unbehagen der industriellen Gesellschaft mit den Architekten und ihren Bauwerken. Die Verschränkung von Politik, Gesellschaft und Architektur ist in vollem Gange, und der Fortschrittsglaube der Politiker ist in den letzten Jahren nahezu ebenso radikal gewachsen wie die Expansion des sogenannten Fortschritts selbst. Wenn vom Fortschritt gesprochen wird, frage ich mich, wessen Fortschritt? Im Alibiwind der ökonomisch-gesellschaftlichen Erfordernisse wird heute geplant und organisiert, delegiert, soziologisiert, administriert, politisiert und neuerdings mit Vorliebe partizipiert. Auf der Strecke bleiben die lustvolle Architektur und ihre Benützer.

Egon Friedell, der Allrounder, widmete der universellen Persönlichkeit von Max Reinhardt in seiner *Kulturgeschichte der Neuzeit* eine Definition des Unterschiedes von Wissenschaft, Kunst und Technik. Er erarbeitete kühn und augenzwinkernd eine Rangordnung der Künste und kommt zu folgender Reihenfolge der Wertigkeit: Architektur, Skulptur, Malerei, Dichtkunst, Musik. Man muss dieser Reihung der Wertigkeit der Künste nicht kritiklos zustimmen, aber in der Diskussion um die Bedeutung von Architektur und Bildung täte es gut, diese Reihung zu beachten.

Zur Architektur: Zuallererst bräuchte es mehr Neugier beim Bauherrn, von welcher Beschaffenheit er auch sei, mehr Einfalls- und mehr Vorstellungskraft; mehr Zivilcourage und eine größere Neigung zum Experiment. Ich glaube aber, dass die Voraussetzung solcher Tugenden die bessere Kenntnis der Allgemeinbildung ist. Man muss etwas wissen, um etwas zu erkennen. Wer eine bessere Architektur und angenehmere Städte wünscht, muss mit der besseren Allgemeinbildung anfangen. Zum heutigen unbefriedigten Zustand konnte es aber nur deshalb kommen, weil der Bauherr von heute kein Herr mehr ist. Der Bauherr – als Eigentümer der Mittel – ist schuldiger als der Architekt. Allmächtige Bauherren sind heute meist staatliche oder kommunale Einrichtungen, Investoren, Banken oder Versicherungsanstalten. Entscheidungen über Planungsvorhaben werden in Gremien und Ausschüssen getroffen, wobei die Anonymität der Bauherrschaft unweigerlich zum Qualitätsverlust führt. Gute Architektur verlangt Mut. Anonymität fördert Feigheit. Ein Gremium aus 100 Nobodys wird sich nie gezwungen sehen, eine mutige Entscheidung zu fällen.

Die Sicherheit, mit der in früheren Zeiten Neues zum Alten gefügt wurde, ist heute verlorengegangen. Das Wissen um die Schönheit eines Ortes scheint verspielt, und eine nach rein ökonomischen Kriterien ausgerichtete Denkweise kann keine positive Zukunftsentwicklung sein.

Nun weiß aber jedermann, dass die größten Bauherren, unter denen der öffentliche Bauherr wiederum der allergrößte, der reichste und der einflussreichste ist, sich meistens in Gremien darstellen. Man weiß freilich auch, dass selbst die Demokratie sich letztlich weniger durch Gremien als durch Personen mitteilt. Von ihnen hängt es ab, ob in der öffentlichen Aufgabe des Bauens mehr gesehen wird als nur die Aufgabe, einen Bedarf auf die schnellste, billigste, und reibungsloseste Weise zu decken.

Hermann Knoflacher
Stadtentwicklung statt Stadtveränderung

Die Stadt ist ein lebendiger Organismus, der nicht nur einen Metabolismus besitzt, d.h. vom Durchstrom von Energie und Ressourcen lebt, seine Struktur aufbaut, erhält und repariert. Eine Stadt kann daher nicht nur nach quantitativen naturwissenschaftlichen Gesichtspunkten, sondern auch nach qualitativen Kriterien beurteilt werden, zu denen die Sozialbeziehungen, die Qualität der Administration, die innere aber auch die äußere Erscheinungsform einer Stadt gehören. Eigentlich sind es die qualitativen Indikatoren, an denen der fachlich geschulte und erfahrene Mensch erkennt, ob ein System „gesund", angegriffen oder gar gefährdet ist. Das gilt für Lebewesen, Patienten, Betriebe ebenso wie für Städte. Lebendige Systeme bedürfen zur Aufrechterhaltung ihrer Struktur und ihrer Ordnung eines homöostatischen Gleichgewichts, dessen Funktionieren nicht zuletzt im äußeren Erscheinungsbild sichtbar wird. Menschenleere Häuser, gesperrte Betriebe, geschlossene Geschäfte, der devastierte öffentliche Raum sind uns aus vielen Städten dieser Welt ausreichend bekannt. Betroffen sind heute manche der einst reichen Industriestädte, deren wirtschaftliche Grundlagen von wenigen Betrieben gebildet wurden, die einerseits durch technische Entwicklung, andererseits durch die Globalisierung im letzten Drittel des vergangenen Jahrhunderts zusammengebrochen sind. Sowohl in Europa wie auch in den USA sind damit Städte in zunehmende Abhängigkeiten geraten.

Das Problem der späten Wahrnehmung
„Im Nachhinein ist man immer klüger" ist meist eine Erfahrung, die nach unbedachten oder auch verantwortungslosen Handlungen gemacht wird. In einer Zeit der Beschleunigung und des Wachstumsirrsinns wird übersehen, dass es nur eine Struktur des endlosen unkontrollierten Wachstums gibt, das unbehindert wachsende Krebsgeschwür. Krebszellen gelingt es, gesunde Zellen so weit zu paralysieren, dass sich dieses Geschwür auf Kosten der Umgebung und später des gesamten Organismus hemmungslos ausbreiten kann. Ihr Kennzeichen sind meist primitive Strukturen. Wird dieser Prozess zu spät entdeckt, können nachhaltige Schäden die Folge sein. Für die Stadt bedeutet dieses unkontrollierte Wachstum die Durchsetzung von Individualinteressen gegenüber den Gemeinschaftsinteressen. Eine Stadt, deren Verwaltung und politische Führung nicht mehr in der Lage ist, die Individualinteressen den Gemeinschaftsinteressen unterzuordnen und harmonisch einzugliedern, hat die Priorität über die Stadtgestaltung – in der Folge auch der Gesellschaftsgestaltung – allen Propagandasprüchen, Maßnahmen und politischen Versprechungen zum Trotz, teilweise oder ganz verloren. Nur aufmerksamen, wachen Beobachtern fallen solche Entwicklungen auf, ins Auge – und in die Kamera.

Der Jammer der Architekturausbildung
Architektur als Bildung gibt es schon seit Jahrzehnten nicht mehr, versteht man darunter die Herausforderung, die architektonische Qualität des Be-

standes, einfacher ausgedrückt die Geschichte, zu respektieren und das Neue als „added value" für die Gesamtheit, als zusätzlichen Wert nicht nur für den jeweiligen Bauherrn, sondern für die Gemeinschaft zu verstehen. Wird dieser Anspruch aufgegeben, werden nicht mehr Architekten, sondern „Häuslbauer" in die Praxis entlassen, die sich höchstens noch dadurch zu übertreffen suchen, dass sie durch die Heranziehung ebenso engstirniger Statiker ihre Einfallslosigkeit durch Quantität ihrer Bauten zum Ausdruck bringen, weil sie zu mehr nicht in der Lage sind. Die Voraussetzung dafür ist aber einerseits die Kritiklosigkeit der Allgemeinheit, die Korruption der Politik und der Verwaltung – oder auch ihre Ohnmacht gegenüber mächtigeren, nicht dem Gemeinwohl dienenden Interessen.

Im Städtebau wird Macht sichtbar. Der Einfluss der Macht in der Gesellschaft hängt sehr stark von ihrer Unsichtbarkeit ab. Macht wirkt im Dunkeln wie die oben erwähnte Krankheit. Sie kann nicht verborgen werden, wenn es um den Städtebau geht.

Ein Geschwür erkennt man an seiner undifferenzierten Struktur, die auch ein Maß für seine Aggressivität ist. Diese städtebauliche Wucherung lässt darauf schließen, dass deren Betreiber mächtiger gewesen sein müssen oder es immer noch sind als die Wiener Stadtverwaltung. Diese trifft einen privaten Hausbesitzer, der 20 cm Abweichung vom Plan, die optisch überhaupt nicht wahrnehmbar ist, mit der Strenge ihrer Vorschriften. Das Bild lässt aber auf den Verlust der Kontrolle über das äußere Erscheinungsbild der ihr anvertrauten Strukturen schließen. Ist es nur ein Zufall, dass ein mächtiger Stadtpolitiker nach seiner politischen Karriere Aufsichtsratsvorsitzender des Konzerns wurde, dessen Bauten hier gezeigt werden? Die innere Krankheit wird hier dramatisch sichtbar.

Das Auge schärfen

Unsere menschlichen Eigenschaften haben den Nachteil, dass wir – abgesehen von Einzelfällen – kein absolutes Maß, weder ein absolutes Gehör noch ein absolutes Empfinden haben, hingegen ein außerordentlich hoch entwickeltes Sensorium, Störungen auch in hoch komplexen Systemen intuitiv wahrzunehmen – sonst hätten wir nicht überlebt. Der Städtebau ist aus evolutionärer Sicht betrachtet nicht nur eine späte und relativ kurze Episode der Menschheitsgeschichte, sondern wurde auch vielfach durch die Eigeninteressen einzelner oder von Gruppen systematisch dadurch verfälscht, dass man bei den gebauten Objekten die zu den Menschen passenden Dimensionen durch Ausbeutung dieser Menschen möglichst überhöht, ausgedehnt und vergrößert hat. Die Feudalbauten des Altertums gehören ebenso dazu wie die zum Teil fantastischen Prunkbauten religiöser oder ideologischer Bewegungen, mit denen eine kleine Kaste durch Jahrhunderte, ja Jahrtausende ihre Herrschaft über die Gesellschaft durch Berufungen auf jenseitige Mächte bewahren und erhalten konnte – Tempelbauten der Azteken, die Pyramiden Ägyptens, unsere Burgen und Schlösser und auch Kirchen waren und sind sichtbare Zeichen von Macht (und Glauben). In vielen Fällen zeugen sie auch vom Geschmack und Kunstverständnis ihrer Bauherrn. Die Stadt hingegen ist ein Gemeinschaftsgefüge, in dem sowohl diese Interessen wie auch jene der Gemeinschaften in ihrem harmonischen aber auch ästhetisch befriedigenden Ausmaß abgeglichen werden müssen, falls sie gesund, lebenswert und daher auf Dauer nachhaltig sein sollen.

Früherkennung

Es gibt zahlreiche Bücher, die die schönen Seiten des Inneren von Städten, aber mindestens ebenso viele, die Verwüstungen der Städte und ihrer Gesellschaft in Szenen des öffentlichen Raumes und der umliegenden Objekte darstellen und den stattgefundenen Verfall dokumentieren. Bücher über Dachlandschaften gibt es vereinzelt, die sich vorwiegend mit historischen Stadtzentren beschäftigen und dazu geführt haben, dass man auch diesem Aspekt von Seiten der Verwaltung zunehmende Bedeutung schenken musste, was ohnehin im Rahmen der Baugesetze und Bebauungspläne Pflicht wäre. Die Pflicht kann aber vernachlässigt werden, wenn die Kontrolle ausgeschaltet wird.

Dabei ist diese einfach. Man braucht nur von einem erhöhten Standpunkt aus in periodischen Abständen die Oberfläche, also die „Hautbeschaffenheit" einer Stadt fotografieren, um festzustellen, ob irgendwo Spuren innerer Krankheit an der Oberfläche sichtbar werden (Es gibt ohnehin genug innere Krankheiten, die nicht an die Oberfläche kommen.). Dieser Bildband ist das Werk einer Fotografin, die ihre Stadt liebt, aber nicht blind, sondern mit wachem Auge über Jahrzehnte aufmerksam beobachtet und fotografiert.

Epilog

Im derzeitigen „Zeitalter der Urbanisierung" häufen sich Publikationen in allen einschlägigen Disziplinen, welche die Stadt aus geschichtlicher, sozialer, architektonischer, wirtschaftlicher, ökologischer, verkehrsbedingter und/oder kultureller Sicht behandeln. Die Stadt als abstraktes oder reales Gebilde der Gesellschaft hat in ihrer kurzen bewegten Geschichte noch nie eine derartige technische Revolution mitgemacht wie in den letzten beiden Jahrhunderten. Technik und Technologie verführen die Gesellschaft auch dazu, innere und äußere Grenzen zu überschreiten.

Nutznießer solcher Entwicklung bezeichnen dies als Fortschritt, obwohl es sich real um eine Erhöhung des Existenzrisikos handelt. Viele Veränderungen erfolgen außerhalb der zeitlichen oder üblichen räumlichen Wahrnehmung, so dass sie unentdeckt bleiben. Unsere sinnlichen Fähigkeiten, Veränderungen auch in komplexen Systemen wahrzunehmen, waren die Voraussetzung für das Überleben der Menschen.

Die fotografische Dokumentation der morphologischen Veränderungen über eine längere Zeitperiode, wie sie von Wenzel-Jelinek vorgenommen wurde, eröffnet erstmals einen Blick in verborgene Mechanismen von Machtverhältnissen in und der Stadt als Organismus.

An der Oberfläche, der so genannten Dachlandschaft werden Veränderungen erkennbar, die zeigen, dass Kräfte im Untergrund – nicht nur räumlich gemeint – in der Stadt wirksam sind, die nicht mehr dem Gemeinwohl, sondern bestimmten Einzelinteressen, insbesondere dem privaten Gewinnstreben dienen, indem sie Grenzen und Regeln rücksichtslos durchbrechen.

Macht ist am stärksten, wenn sie nicht sichtbar agiert. Mit dieser Methode der kontinuierlichen Dokumentation ist nicht nur ein Einblick in manche Aktivitäten, die sonst verborgen blieben, möglich geworden, sondern der Fachwelt ein Instrument in die Hand gegeben, das sie nun selbst einsetzen kann, ja muss, um ihren öffentlichen Aufgaben gerecht zu werden.

Manchmal ist der Wettergott gnädig und lässt es über der aufgebrochenen Dachlandschaft schneien.

Dachaufbauten verdichten die Bausubstanz – und wer oben sitzt, begreift, was Veränderung bewirken kann.

Dachlandschaft im Wandel. Baustellen, die man im Allgemeinen von unten nicht mehr sieht. Aus dem biederen Dach wird ein Penthaus. Die Ähnlichkeit zum SUV-Style ist unverkennbar. Wenn die Häuser Hauben kriegen, ändern sich auch die sozialen Strukturen.

Die Stadterweiterung nach oben stößt an natürliche Grenzen, auch an ästhetische.

Gilt Wien noch als Ursprung der Moderne? Denn: der Rucksack der Vergangenheit drückt schwer. Coaches empfehlen ihren Klienten, die Vergangenheit loszulassen. Soll man das den BewohnerInnen dieser Stadt ebenfalls nahelegen, um den Raum für Zukünftiges weit zu öffnen?

Das Kürzel „K. u. K." für die österreich-ungarische Monarchie könnte auch mit „Krone und Kreuz" übersetzt werden. Die Bauten dieser Machtkonstellation bestimmen bis heute große Teile der Stadt. Im Schatten prunkvoller Palais und Kirchen gedeiht eine postmoderne Bauweise, die sich ohne eindeutige Ausrichtung an gegenwärtigen Bedürfnissen orientiert, aber nicht nach zukunftsweisenden Lösungen sucht. Inzwischen errichten sich wohlhabende Bürger auf Dächern winzige Paradiesgärtchen und putzige Lustschlösschen für ein paar sommerwarme Tage.

So genannter Wiener Beserlpark im 5. Bezirk, ursprünglich mit Rubinien und anderen Gehölzen in den 1950er Jahren angelegt. 2008 neu gestaltet über der Fundamentplatte des Hochhauses am Matzleinsdorfer Platz.

Baukunst ist raumgefasster Zeitwille.
Lebendig. Wechselnd. Neu.
Nicht das Gestern, nicht das Morgen,
nur das Heute ist formbar.

Mies van der Rohe, 1923

Blickrichtung Osten bis Süden

Mitte der 80er Jahre wurde das so genannte Rinterzelt als Abfallbehandlungsanlage im 22. Bezirk errichtet.

Die reizvolle Stahl-Schrägkabelbrücke wurde Mitte der 1990er Jahre in Wien Donaustadt errichtet und dient als Tragwerk für die Verlängerung der U2.

Es heißt, die Armee der k. u. k. Monarchie habe weltweit die schönsten Uniformen gehabt. 1856 wird das Heeresgeschichtliche Museum im 3. Bezirk eröffnet. Der Kuppelbau, im maurisch-byzantinischen Stil errichtet, ist Teil des weitläufigen Arsenals.

Der Wurstelprater im 2. Bezirk muss seit jeher mit Attraktionen aufwarten. Heutige Besucher bekommen ihren Adrenalinstoß vom Starflyer, einem Kettenkarussell, mit 117 Meter das höchste in der Welt seltsamer Vergnügungen.

Transparenz ist zur gesellschaftspolitischen Forderung geworden. Durchsichtigkeit ist ein aktuelles Thema in der Architektur. Seit Glas in immer größeren Formaten eingesetzt werden kann, avanciert es zum entscheidenden Element im Bauwesen. Glas wirkt lebendig, da es mit Licht spielt. Der transparente Baustoff spiegelt die wesentliche Forderung der Gesellschaft wider. Oder provozierte die Möglichkeit des Materials erst den Ruf nach genereller Transparenz?

Vorhergehende Seiten: Bürohochhaus „Hoch Zwei" im 2. Bezirk und auf der rechten Seite die Kirche des Salesianerinnenklosters Heimsuchung Mariens am Rennweg im 3. Wiener Bezirk. Im Hintergrund das Gebäude des Hauptverbandes der österreichischen Sozialversicherungsträger in der Kundmanngasse.

Jede religiöse Gemeinschaft versucht, ihre Anwesenheit, ihre Anteiligkeit an der Stadt zu demonstrieren. Die Gottes- und Bethäuser spiegeln die entsprechenden Kulturen wider. Links die Herz-Jesu-Kirche, rechts die russisch-orthodoxe Kirche, St. Nikolaus, beide im 3. Gemeindebezirk.

Wo immer das Auge über die Stadt schweift, eröffnet sich der Eindruck eines kaum nachvollziehbaren Stilgemisches. Wie ein Landmark ragt dort und da ein Kirchturm aus dem Dächergewirr hervor, beispielsweise die Elisabethkirche im 4. Bezirk.
Rechts: Die unterschiedlichsten Fassaden begleiten die Wiedner Hauptstraße zwischen 4. und 5. Bezirk.

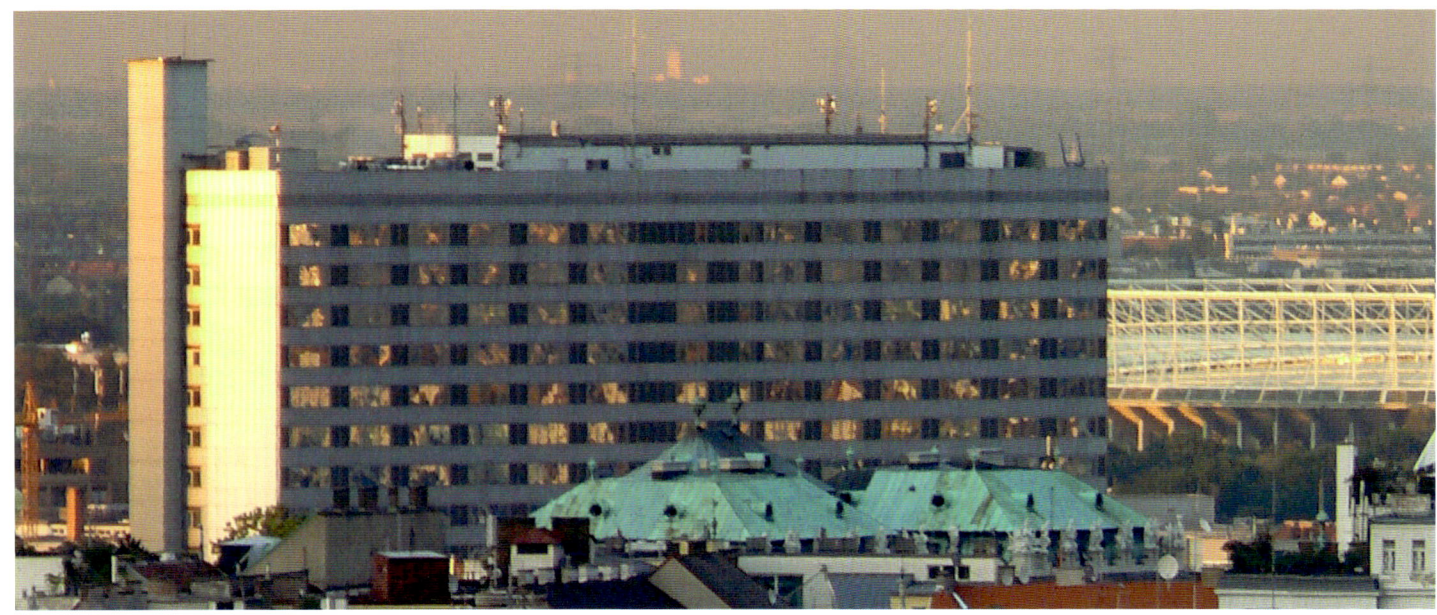

Wer vom Stephansplatz zum DC Tower wandert, kann einem baugeschichtlichen Lehrbuch folgen. Den Weg säumen romanische, gotische Gebäude, Ruprechtskirche, Maria am Gestade, barocke Palais, wie im oberen Bild zum Beispiel das Belvedere. Wohn- und Bürohäuser mehrerer Stilepochen, Werksgebäude und Fabriken der klassischen Moderne begleiten die Straßenzüge und schließlich sind es die Brücken, die zur Postmoderne jenseits der Donau führen. In Summe geleitet der Ausflug durch das kunsthistorische Kapital der Stadt. Bleibt die logische Forderung: Diese Werte gehören erhalten und auf gleich anspruchsvollem Niveau erweitert.

Brot und Spiele gehören zu den Grundbedürfnissen der Gesellschaft. Mit zwei Stadien und zahlreichen anderen Spielstätten, mit öffentlichen Bädern, schließlich mit Alter Donau und Donauinsel bietet Wien vielerlei Gelegenheiten zu Freizeitgestaltung und Erholung. Dennoch weisen Kritiker zu Recht darauf hin, dass Wien ein Mehr an „Grün" braucht. Eine Verjüngungskur ist gefragt; Konzepte gibt es genug.

Oben und rechts die Rudolfstiftung vor und nach dem Umbau, davor Dächer des Oberen Belvedere im 3. Bezirk.
Unten: Praterstadtion im 2. Bezirk.

Seite 202–209: Zentralbahnhof Wien.

Links: ÖBB Konzernzentrale im 10. Bezirk im Bau. Aufbruch in die Welt der modernen Bahn. Unter den Augen der WienerInnen schießt ein mächtiges Viertel aus dem Boden, der künftige Zentralbahnhof. Seit 2012 verkehren Züge auf den neuen Anlagen. Zwischen Belvedere und Südtirolerplatz klafft die riesige Baustelle, aus der mächtige Türme emporragen, und in wenigen Jahren wird hier auch das neue Sonnwend-Viertel, reich an Infrastruktur, zu bestaunen sein.

Rechts: Der Bahnorama-Turm darf sich rühmen, der höchste begehbare Holzbau Europas zu sein. Eine Einrichtung auf Zeit, um den permanenten Baufortschritt des riesigen Vorhabens beobachten zu können.

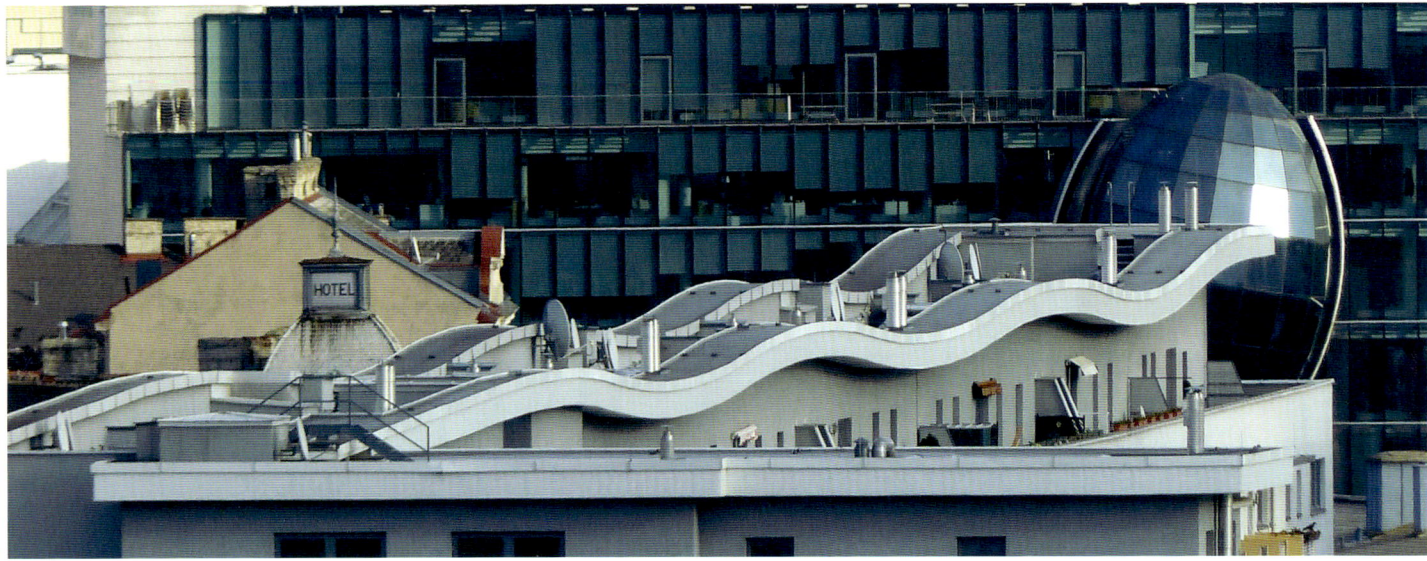

Links oben (2008) und rechte Seite (2013): Seit 2004 markiert der eigenwillige Bau des T-Center St. Marx im 3. Bezirk.

Links Mitte: Zur Jahrtausendwende werden die alten Gasometer im 11. Bezirk, die technisch längst ausgedient haben, aufwendig einer bemerkenswerten Verwendung zugeführt. Hier gibt es jetzt Wohnungen, Büros, ein Einkaufs- und Veranstaltungszentrum.

Links unten: Columbus Center im 10. Bezirk, Eröffnung 2005.

Die Gegenwart zeichnet sich durch gewaltige Umbrüche aus. Das industrielle Zeitalter wird für beendet erklärt, die altehrwürdigen Produktionsstätten stehen leer – oder sie werden kulturell genützt wie die Ankerbrotfabrik, dort zeigen internationale Künstler ihre jüngsten Werke.

Der Friedhof am Matzleinsdorferplatz im 10. Bezirk existiert erst seit 1856, als die innerstädtischen Friedhöfe an die Peripherie verlegt wurden.

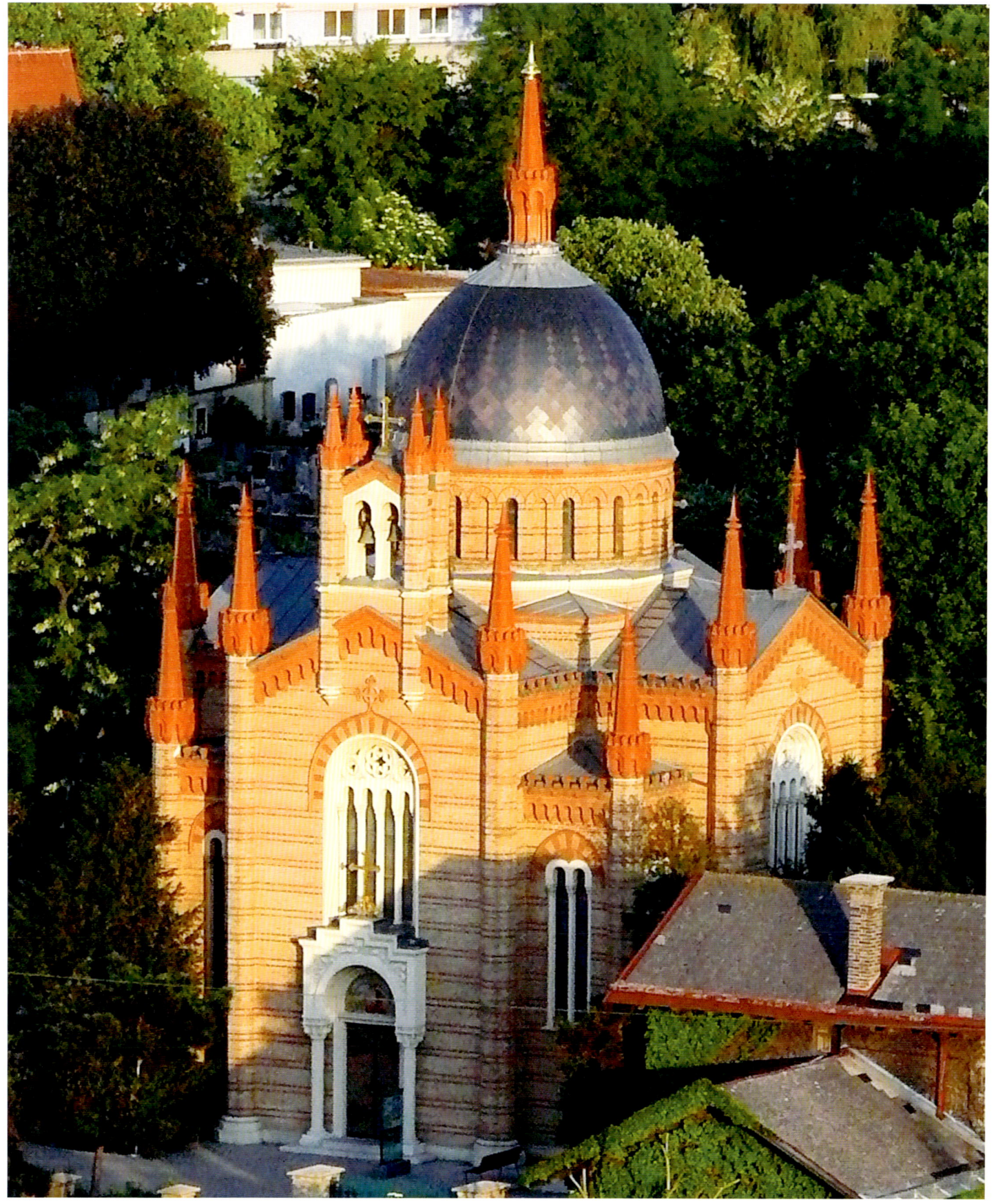

Der Wasserturm auf der Höhe Favoritens versorgt seit mehr als 100 Jahren den 10. und 12. Bezirk bei Bedarf mit Trinkwasser. Das imposante Gebäude kann auch im Inneren besichtigt werden.

Von Weitem sichtbar erhebt sich die Wienerberg City im 10. Bezirk und bildet einen wesentlichen Bestandteil der neuen Wien-Silhouette.

Rechte Seite: 2007 errichtet, wird das markante Wohnhochhaus von Neumann & Partner zu einem Orientierungspunkt der südlichen Außenbezirke.

Übernächste Doppelseite: Anblick der Wienerberg City vom Norden her, das ehemalige Philips Hochhaus von 1965, geplant von Karl Schwanzer und die Wohntürme von Alt-Erlaa, erbaut 1973–1978, geplant vom Architektenteam Harry Glück, Kurt Hlawenicka, Franz Requat und Thomas Reinthaller, 23. Bezirk.

Helga Kromp-Kolb
Wetter, Luft und Klima in Wien

**Klimabetrachtungen: Am Rande der Alpen –
am Schnittpunkt europäischer Klimazonen**
Die Stadt Wien liegt am Wienerwald, dem östlichsten Rand des Alpenbogens, im Westen und Süden angeschmiegt an die Krümmung der letzten Ausläufer des Gebirgsstockes, im Osten ausgebreitet in die Weite der beginnenden Pannonischen Tiefebene. Der Donau, von den Alpen nach Osten gedrängt, gelingt hier ein Durchbruch nach Süden, auf ihrem Weg zum Schwarzen Meer. Sie trennt den Bisamberg vom Alpenbogen ab und schafft damit eine schmale Schneise, die auf die Luftströmungen wie eine Düse wirkt. Der Wind, der hier durchpfeift, bringt Wien Frischluft und wird Wien – in naher Zukunft – wohl auch mit Energie versorgen müssen.

Klimatisch liegt Wien an der Schnittstelle dreier Klimazonen: Südlich der Alpen dominiert das vom Mittelmeer geprägte gewitterträchtige, sommerwarme, mäßig winterkalte mediterrane Klima. Nördlich der Alpen (ozeanisches Klima) bringen vom Atlantik geprägte, maritime Luftmassen westlichen Ursprunges im Sommer eher kühle, im Winter eher warme, aber immer vergleichsweise feuchte Luft. In diese Strömung eingelagert finden sich Ausläufer der Kalt- und Warmfronten der weiter nördlich vorbeiziehenden Tiefdruckgebiete. Sie bringen Wien wechselhaftes, meist windiges Wetter und können eindrucksvolle, chaotische Wolkenbilder erzeugen. Arktische Luftmassen strömen die Alpen von Norden an und bringen Kälte und im Winter Schnee mit sich. Von der großen Kontinentalmasse im Osten (kontinentales Klima) brechen vor allem im Winter immer wieder kalte, eher trockene Luftmassen nach Westen aus. Wenn sie sich unter die wärmeren, feuchten Luftmassen im Raum Wien schieben, kommt es zu Schneefall bei oft klirrender Kälte. Im Sommer ist die kontinentale Luft trocken und heiß.

Diesen vielfältigen Klima- und Wettereinflüssen ausgesetzt, gestaltet sich das Wetter in Wien äußerst wechselhaft: Nur selten gleicht ein Tag dem vorigen. Die mittlere Temperatur des Folgetages unterscheidet sich in etwa 2/3 aller Tage von der des Vortages um mehr als 1°C, in 40% der Tage sogar um 2 °C und in 10% um über 4 °C. Perioden heiteren, wolkigen oder trüben Wetters halten in 65% der Fälle nicht mehr als einen Tag an, und 65% aller Niederschlagsperioden dauern nicht länger als zwei Tage. Im Sommer ist die Wahrscheinlichkeit, dass an einem Niederschlagstag die Sonne nicht scheint, nur etwa 5%. Das Foto rechts zeigt als Beispiel dafür das Durchbrechen der Sonne nach einem Gewitter. Nur unter dem Einfluss des kontinentalen Klimas und in Zusammenhang mit lang anhaltenden Hochdrucklagen erlebt Wien im Sommer länger andauernde, windschwache Hitzeperioden. Im Winter prägen Hochnebellagen das Wetter oft mehrerer Wochen. Relativ zur astronomisch möglichen Anzahl der Stunden mit Sonnenschein sinkt die tatsächliche Anzahl unter 20%, während sie in den Sommermonaten über 50% liegt.

Innerhalb des Wiener Raumes prägt die Topographie das Wetter- und Klimageschehen. Die Strömung ist geprägt vom Donautal, aber auch das Wiental ist ein Frischluftkorridor. Die Erhebungen des Wienerwalds sind

bei Nacht Quelle kalter, frischer Luft für die Stadt, bei südöstlichen Winden aber auch Strömungshindernis, das zu Staulagen führt, in denen die Luft über Wien stagniert.

Wien ist anders ... als das Umland.
Wie die Stadt ihr eigenes Klima schafft

Die Stadt selber prägt aber auch das Klima. Beton, Ziegel, Asphalt – sie erwärmen sich tagsüber wesentlich stärker als Felder und Wälder. Dazu kommen zusätzliche Wärmequellen aus Siedlungen, Gewerbe und Industrie. Bei starker Besonnung können – je nach Material – in Wien die Oberflächen Temperaturen von 50 °C erreichen, bei Bitumen als Dachauflage auch bis zu 90 °C. Diese erwärmten Flächen strahlen Wärme ab und erhöhen damit die Temperatur des unmittelbaren Umfeldes. Die Orientierung der Flächen, ihre Beschattung und der Abstand zwischen den Flächen bestimmen als wichtige Faktoren die Erwärmung. In heißen Ländern findet man schmale, enge Gassen, die verhindern, dass die Sonne eindringt und die Fassaden erwärmt. Auch Bäume sind Schattenspender. Aber selbst bei geschickter Planung sind Städte wärmer als ihr Umland, es bilden sich sogenannte städtische Wärmeinseln. Je größer die Stadt, je mehr Wohneinheiten und Menschen in ihr wohnen, desto stärker kann die Überwärmung der Stadt sein. Sie ist während windschwacher Schönwetterlagen besonders deutlich ausgeprägt, da die erwärmte Luft nicht oder nur langsam aus der Stadt hinaus transportiert wird. Die gespeicherte Wärme wird des Nachts langsam wieder abgegeben. In der Wiener Innenstadt liegt die Temperatur im Schnitt um ein halbes Grad höher als im ländlicheren Mariabrunn, an windschwachen Tagen um bis zu 6 °C. Im Schnitt sinkt die Lufttemperatur im ländlichen Wien nur in etwa drei Nächten nicht unter 18 °C, auf der Hohen Warte in zehn Nächten.

Oberflächentemperaturen der Stadt Wien, Thermalbefliegung 16. 08. 2001 (4 Uhr MEZ) im Auftrag der MA 22 (Quelle: MA 22, 2003). Infrarotaufnahmen aus der Luft zeigen die Beeinflussung der Temperatur durch die städtischen Strukturen deutlich. Die Abbildung zeigt die nächtlichen Oberflächentemperaturen des Wiener Stadtgebietes in der Nacht vom 15. auf den 16. August 2001 und stammt aus einer Befliegung mit Infrarotkameras. Gelbtöne kennzeichnen die wärmeren, stark verbauten Gebiete z.B. um den Franz-Josefs-Bahnhof und den 20. Bezirk oder St. Marx, die um 4 Uhr früh immer noch rund 24 °C aufweisen, während die Temperatur im Stadtrandbereich (dunkel grün) auf ca. 17 °C und in landwirtschaftlichen Flächen bzw. Grünflächen auf ca. 12 °C (blau) gesunken ist. Das Bild zeigt die Temperaturen der Oberflächen, nicht die der Luft. Daher erkennt man auch viele große Straßenzüge deutlich. Eine für windschwache Strahlungslagen typische Temperaturumkehr (Inversion) führt zu höheren Temperaturen auf den Erhebungen des Wienerwaldes als in den Tälern und im tiefer gelegenen Stadtrandbereich.

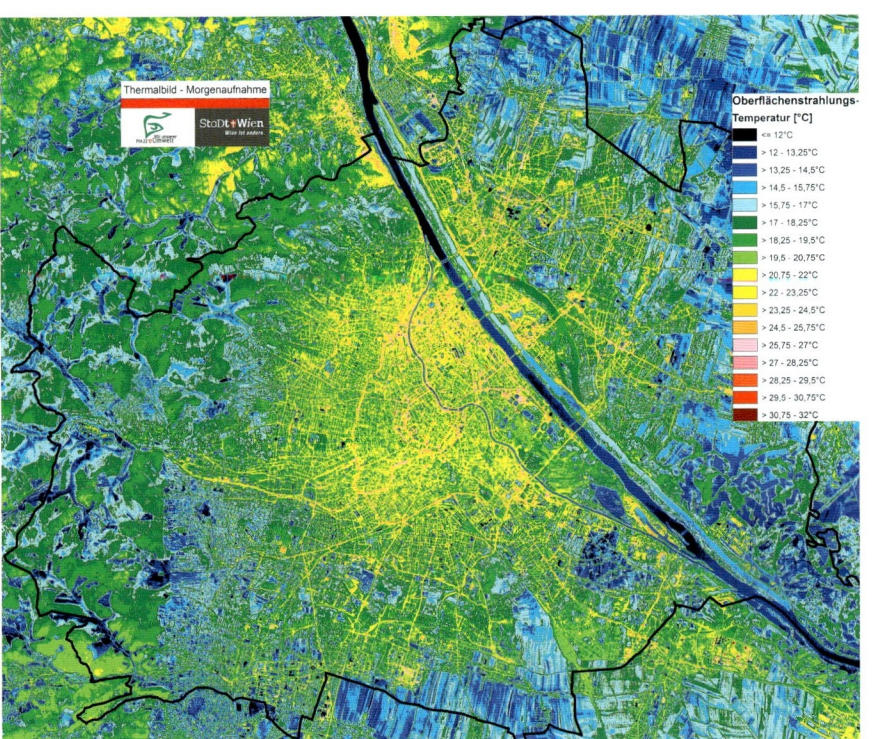

Gebäude, besonders hohe Gebäude, behindern die Luftströmung, unterschiedlich hohe Gebäude und tiefe Straßenschluchten führen zu Verwirbelungen. Für Wien ist das die Stadt von Westen durchziehende Wiental eine wichtige Frischluftschneise, deren Verbauung mit hohen Häusern, wie ansatzweise in Meidling bereits geschehen, auf das Kleinklima und die Luftqualität der Stadt Auswirkungen hat. Der erhöhten Rauigkeit ist in Wien eine Verminderung der Windgeschwindigkeit um etwa 1 m/s im stark verbauten Gebiet gegenüber dem offeneren Gelände zuzuschreiben. Andererseits kommt es durch Schneisenwirkung stellenweise zu erhöhten Windgeschwindigkeiten und verstärkter Böigkeit. Ein klassisches Beispiel dafür ist in Wien südlich der UNO City zu finden, wo geschlossene Zeilen von Wohnhäusern parallel zur Donau errichtet wurden, die derartig beschleunigend auf die Strömung wirken, dass es in einigen Fällen bereits Fußgänger verblasen hat.

Versiegelte Flächen vermindern das für Verdunstung zur Verfügung stehende Wasser: Pflanzen ziehen das im Boden gespeicherte Wasser mit ihrem Wurzeln herauf und nutzen die Verdunstung zur eigenen Kühlung. Versiegelte Flächen hingegen nehmen kaum Wasser auf – nach Regen verdunstet es rasch, es bleiben trockene Flächen. Außer in Grünanlagen und in deren unmittelbarem Umfeld sind Städte daher trockener als das Umland.

Verdunstung bindet sehr viel Energie, die für die Erwärmung der Oberflächen nicht zur Verfügung steht. Sobald die versiegelten Flächen getrocknet sind, steigt ihre Temperatur und sie tragen zur Überwärmung bei. Pflanzen hingegen kühlen Städte. Die zahlreichen, teils großen Grünanlagen Wiens – Zentralfriedhof, Prater, Erholungsgebiet am Wienerberg, Donaupark, Augarten, Stadtpark, Schönbrunn, Belvedere – bilden, ebenso wie die Wasserflächen der alten und der neuen Donau, kühlere Oasen (vergl. auch das Thermalbild, S. 232). Die Oberflächentemperaturen vertikaler, begrünter Flächen steigen auch bei Besonnung nicht wesentlich über die Lufttemperatur. Dadurch ist auch die Temperaturbelastung des angrenzenden Raumes (Freiraum und Bebauung) durch Wärmestrahlung deutlich reduziert.

Aerosole über der Stadt streuen die kurzwelligeren, blauen Komponenten der Sonnenstrahlung in alle Richtungen, nur die längerwelligen roten Komponenten der Strahlung können durchdringen und lassen die Sonne rot erscheinen. In der Früh und am Abend, wenn die Sonne tief steht, ist der Weg der Strahlen durch die städtische Dunstschicht länger, sodass die Streuung viel wirksamer ist: daher die beeindruckenden Bilder bei Sonnenauf- und -untergang.

Während die städtische Wärmeinsel im Sommer als unangenehm empfunden wird, weil die Stadt bei Tag heiß ist und auch in der Nacht nicht stark abkühlt, bedeutet sie im Winter Heizkostenersparnis. Schnee hält sich in der Stadt weniger lang, wandelt sich rasch in meist schmutzigen Schneematsch – eine Folge der höheren Temperaturen, vor allem aber des Auto- und Fußgängerverkehrs. Wenn aber, in seltenen Fällen, Wien unter einer dicken Schneedecke liegt, die Straßen noch nicht geräumt sind, und die Wiener ihr Auto aus Sicherheitsgründen stehen lassen, kehrt in die sonst laute und schnelle Stadt Ruhe ein. Wien wird still, man hört Schneeschaufeln über den Gehsteig kratzen, die wenigen Autos, die unterwegs sind, bewegen sich langsam.

Wohlstand auf Kosten von Luftqualität? Der Kampf um saubere Luft
Mit der Agglomeration von Menschen in Städten geht auch erhöhte Freisetzung von Schadstoffen in die Atmosphäre einher. Beheizen von Räumen, Straßenverkehr, Industrie und Gewerbe verursachen Emissionen.

Schwefeldioxid (SO_2), Stickoxide, Kohlenmonoxid (CO), Kohlendioxid (CO_2), Kohlenwasserstoffe, Fluorierte Chlor-Kohlenwasserstoffe sind die primären Schadstoffe aus Haushalten und Verkehr, die Industrie emittiert zusätzlich Schwefelsäure, Fluoride und Schwermetalle (z.B. Kadmium und Quecksilber) und die im Stadtgebiet von Wien auch vorhandene Landwirtschaft ist für Ammoniak (NH_3)- und Lachgas-Emissionen verantwortlich. Aus diesen Primärschadstoffen bilden sich durch chemische Reaktionen in der Luft Sekundärschadstoffe wie Ozon und Stickstoffdioxid (NO_2). Neben den Gasen treten in der Atmosphäre auch feste und/oder flüssige Partikel (Aerosole) auf. Zu den natürlichen Aerosolen gehören Meersalz, Staub, Asche von Vulkanen, Sahara-Sand, Pollen, Bakterien, während aus den Aktivitäten der Menschen z.B. Ruß (Verbrennung), Schwermetalle, Fasern, sowie Straßen- und Reifenabrieb stammen. Sulfate und Nitrate bilden sich als Sekundärprodukte der SO_2- und NO_2-Emissionen. Sie alle werden unter dem Begriff Feinstaub zusammengefasst.

Die erhöhte Konzentration von Aerosolen in der städtischen Luft kann spektakuläre Himmelsfärbungen bei Sonnenauf- und -untergang ergeben. Der kurzwellige, blaue Anteil der Sonnenstrahlung wird an den Partikeln gestreut, nur der verbleibende Anteil dringt bis zum Beschauer durch und lässt die Sonne rot erscheinen, wie am Foto der Vorseite. Wo ihre Strahlen auf Wolken oder Gebäude treffen, taucht sie auch diese in warme rote und gelbe Farben. Beispiele dafür sind die Fotos auf der nachfolgenden Doppelseite.

Mit der wirtschaftlichen Entwicklung Wiens sind die Emissionen lange Zeit gestiegen. Die negativen Auswirkungen auf die Gesundheit der Menschen und auf die Materialien, insbesondere den in Wien häufig verwendeten Sandstein, haben jedoch zu gesetzlichen Eingriffen in Form von Emissions- und Konzentrationsgrenzwerten geführt. Daher begannen in Wien ab den 1980er Jahren Emissionen zu sinken. Die meisten Schadstoffemissionen in Österreich sind seit den späten 1980er oder 1990er Jahren zurückgegangen. Manche, wie z.B. SO_2 oder Blei, sind stark zurückgegangen. Relativ wenig wurde bei NO_x und z.B. NH_3 erreicht. Die regelmäßig publizierten Umweltkontrollberichte der Bundesregierung legen davon Zeugnis ab.

Fallbeispiel SO_2

Schwefeldioxid (SO_2) war, neben „Schwebstaub", wie der Feinstaub damals genannt wurde, der erste Luftschadstoff, der in Wien systematisch gemessen wurde. Es galt lange Zeit als Leitschadstoff: Lagen die SO_2-Konzentrationen hoch, war davon auszugehen, dass auch die übrigen Schadstoffe hohe Konzentrationen erreichten, gelang es, sie zu senken, wurde angenommen, dass auch andere Schadstoffkonzentrationen zurückgingen. Deshalb konzentrierte sich die Aufmerksamkeit in den 1970er und 1980er Jahren auf SO_2. Quellen für SO_2 waren hauptsächlich die fossilen Brennstoffe Kohle und Öl, die damals in Wien primäre Heizmaterialen der Haushalte und Energielieferanten in Industrie und Gewerbe waren, wobei insbesondere bei den Haushalten der Trend weg von der Kohle, hin zu Öl, sehr stark war. Das Öl wurde fast ausschließlich von der Österreichischen Mineralölverwaltung (OMV) geliefert, sodass Entschwefelung des Öls in der OMV schlagartig Emissionsreduktionen in ganz Wien, ja in ganz Österreich, zur Folge hatte. Im Zuge der Luftreinhaltemaßnahmen entschwefelte die OMV zunächst das Heizöl schwer, das in den Kraftwerken und in der Industrie zum Einsatz kam, und in späterer Folge auch Heizöl mittel und Heizöl leicht. Damit gingen die Emissionen oft schlagartig zurück.

Insgesamt ist die Entwicklung der SO_2-Emissionen eine Erfolgsgeschichte der Luftreinhaltepolitik: Allein die Wiener Kraftwerke emittierten 1980 rund 26.000 Tonnen (t) SO_2, die Emissionen der Haushalte, der übrigen Industrie und des Verkehrs kamen noch dazu. Innerhalb von drei Jahren sanken die Emissionen der Kraftwerke auf die Hälfte, 1990/1991 lag die Emission nur mehr bei rund 5000 t SO_2 und wurde innerhalb von einem Jahr weiter auf 1500 t SO_2 reduziert. Derzeit liegen die SO_2-Emissionen von Wien insgesamt deutlich unter 1000 t SO_2.

Im Jahresgang treten wegen der heizungsbedingten Emissionen hohe Konzentrationen im Winter und geringe im Sommer auf. Die winterlich erhöhten Emissionen werden durch die ungünstigen meteorologischen Bedingungen noch verstärkt: Der Einfluss der Stadt auf die darüber liegende Luft ist auf eine Schicht von einigen 10 bis zu einigen 100 Metern Dicke

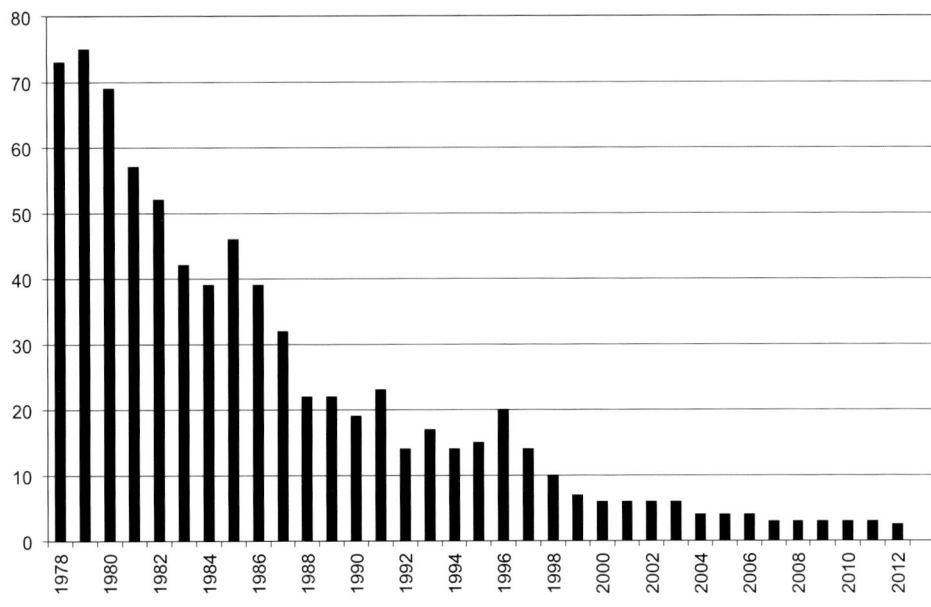

Zeitliche Entwicklung der mittleren Schwefeldioxidbelastung in Wien, in den Jahren 1978 bis 2012.
(Daten: MA 22)
Die dargestellten Tagesmittelwerte der SO_2-Konzentration an der Station Wien, Hohe Warte, spiegeln den Rückgang der Emissionen.

beschränkt. Je stärker die Sonneneinstrahlung, desto höher reicht diese sogenannte Grenz- oder Mischungsschicht. In ihr durchmischen sich die in die Atmosphäre eingebrachten Schadstoffe. Bei gleicher eingebrachter Schadstoffmenge ist daher, wegen der geringeren Mischungsschichthöhe und des daher geringeren Luftvolumens, die Schadstoffkonzentration im Winter höher als im Sommer. Schadstoffe, die bodennah in die Atmosphäre eingebracht werden, können sich, bei schwacher oder fehlender Durchlüftung, in dieser Schicht anreichern. Das äußert sich optisch in starker Trübung. In den Fotos auf der Doppelseite 244/245 sieht man die Mischungsschicht sehr deutlich, auch deren begrenzte Höhe: der noch in Bau befindliche Donau City Tower I ragt aus der Mischungsschicht heraus. Die Trübung war in den 80er Jahren noch viel ausgeprägter, ein Beispiel dafür ist das Foto rechts (aus dem Jahr 1980).

Leider wiederholte sich die SO_2-Erfolgsgeschichte nicht in ähnlichem Ausmaß für andere Schadstoffe – eventuell mit Ausnahme von Blei, für das die Emissionen mit Verbot der Beimischung in den Treibstoff deutlich zurückgingen. Zwischen 1985 und 1998 gingen die Emissionen von Blei österreichweit um nahezu 90% zurück.

Primärer Problemschadstoff in Wien ist derzeit der Feinstaub. Die Komponente PM10 wird seit 2002 in Wien gemessen. Der von der EU als Tagesmittelwert festgelegte Grenzwert von 50 Mikrogramm/m³ Luft wird in Wien, wie in vielen europäischen Ballungsräumen nicht eingehalten. Nach derzeitigem Wissensstand nehmen die gesundheitlichen Wirkungen des Feinstaubes proportional mit der Konzentration zu, so dass es aus medizinischer Sicht keinen Grenzwert gibt, unterhalb dessen keine Wirkungen mehr auftreten. Die Grenzwertfestlegungen haben daher eher rechtliche und verwaltungstechnische Bedeutung, und jede Absenkung der Belastung ist gesundheitlich ein Gewinn.

Die Hauptquelle für Feinstaub in Wien ist der Straßenverkehr (z.B. Aufwirbelung von Straßenstaub, Auspuffabgase, Reifen-, Brems- und Straßenabrieb). Raumwärmeerzeugung, Emissionen aus Industrie und Gewerbe sowie Staubaufwirbelung bei unbefestigten Fahrbahnflächen und Baustellen spielen ebenfalls eine Rolle. Feinstaubpartikel und deren Vorläufersubstanzen können über weite Strecken transportiert werden, sodass nicht nur die lokalen, sondern auch regionale Quellen zur Gesamtbelastung beitragen. Der Anteil des Ferntransportes ist nicht leicht zu bestimmen und wird unterschiedlich hoch eingeschätzt. Seine Signifikanz für die Feinstaubbelastung in Wien ist jedoch unbestritten.

Auf dem Weg ins Anthropozän: Wien im Klimawandel
Auf den niederländischen Nobelpreisträger Paul Crutzen geht der Vorschlag zurück, den aktuellen geologischen Zeitraum nach dem Pleistozän und Holozän als „Anthropozän" zu bezeichnen, mit der Begründung, dass der Mensch zur größten Naturgewalt geworden ist und die Natur in nie gekannter Weise formt. Für Städte trifft dies jedenfalls zu, auch für Wien, obwohl Wien mit seinen zahlreichen Grünflächen und großen Wasserflächen der Natur noch einen gewissen Platz einräumt.

Das globale Phänomen, das Crutzen zu seinem Vorschlag veranlasste, ist der Klimawandel. Aufgrund der Steigerung der Treibhausgaskonzentrationen in der Atmosphäre um etwa 30% gegenüber

den maximalen Werten der letzten 600.000 Jahre hat sich die Erde global um etwa 0,8 °C gegenüber dem vorindustriellen Niveau erwärmt, regional und lokal oft viel stärker. So beträgt der Temperaturanstieg im selben Zeitraum im Alpinen Raum etwa 2 °C, in Wien Hohe Warte etwa 2,5 °C. Diese Veränderungen haben eine Fülle von Folgen für die anderen Klimagrößen, wie Feuchte, Bewölkung, Niederschlag und Winde, und für alle Wirtschaftssektoren und das tägliche Leben von Millionen Menschen.

Städte sind wegen ihres Vermögens, Wärme zu speichern, vom Klimawandel besonders betroffen. Sie tragen aber auch selbst mit ihren Emissionen nicht unwesentlich zum Klimawandel bei. Mehr als die Hälfte aller Menschen leben heute in Städten, und ein Gutteil der Treibhausgasemissionen wird den Städten zugeschrieben.

Stadtentwicklung und Emissionen

Die Bevölkerung Wiens ist seit 1990 um ca. 15% gewachsen, die Zahl der Hauptwohnsitze um 16% und die Wohnungsfläche der Hauptwohnsitze um 19%. Der Gesamtenergieverbrauch der Wiener Privathaushalte nahm in derselben Zeit um 28% zu, der Stromverbrauch um 39%. Obwohl der Anstieg erneuerbarer Energieträger von 1990 bis 2011 um 83% angewachsen ist, bleibt der Beitrag mit 2,8% im Jahr 2011 bei den privaten Haushalten gering. Die Verwendung von Kohle und Öl ist rückläufig, Erdgas und Fernwärme weisen Steigerungen auf. Rund ein Viertel des Endenergiebedarfes war 2011 Strom.

Die Treibhausgasemissionen Wiens (überwiegend Kohlendioxid) schwanken seit zwei Jahrzehnten um 8000 bis 9500 Megatonnen (Mt) pro Jahr, abhängig von der Witterung und den Wirtschaftsdaten. Primär stammen die Emissionen aus Verkehr, Energieversorgung und Kleinverbrauch, wobei lediglich letzterer eine einigermaßen systematische Abnahme verzeichnet, die auf die Verschiebung von Kohle und Öl auf Gas und Fernwärme zurückzuführen ist. Die Pro-Kopf-Emissionen Wiens sind gefallen, weil die Bevölkerung Wiens deutlich zugenommen hat. Sie lagen 2011 mit 5,2 t CO_2-Äquivalent auch deutlich unter dem österreichischen Schnitt von 9,8 t. Dies entspricht den internationalen Verhältnissen: Die Emissionen pro Kopf sind in Städten meist geringer als im Landesdurchschnitt. Das darf aber nicht darüber hinwegtäuschen, dass es die städtische Bevölkerung ist, für die primär im übrigen Land produziert wird, der die Nahrungsmittel geliefert werden, etc.

In den letzten Jahren gelang auch eine relative Entkoppelung von Wirtschaftswachstum (gemessen als BIP) und Treibhausgasemissionen, die vor allem auf die Inbetriebnahme des Wasserkraftwerkes Freudenau zurückzuführen ist. Dennoch ist alles bisher Erreichte nur ein kleiner Schritt gemessen an dem, was notwendig ist.

Temperatur: Vergangenheit und Zukunft

Wie bereits erwähnt wirkt sich die durch den Klimawandel bedingte Temperaturerhöhung in Städten besonders stark aus. Sehr deutlich wird der Klimawandel in Wien bei Betrachtung der Häufigkeitsverteilung der maximalen Sommertemperaturen. Der häufigste Wert lag in der Periode 1951–1980 bei etwa 24 °C, dreißig Jahre später schon bei 28 °C. Spitzentemperaturen, die früher etwa alle fünf Jahre aufgetreten sind,

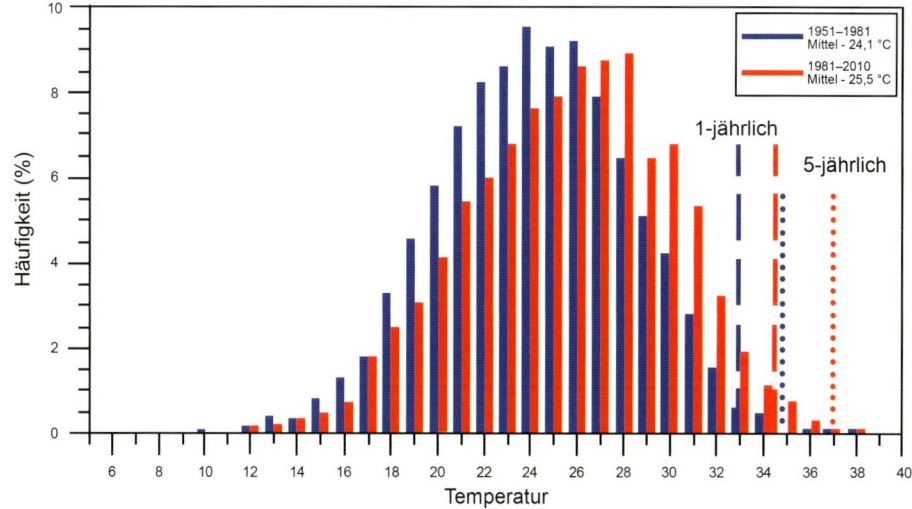

Häufigkeitsverteilung der maximalen Sommertemperaturen in Wien, Hohe Warte, in den Jahren 1951 bis 1980 (blau) und 1981 bis 2010 (rot). Temperaturen von 35 °C traten in der ersten Periode im Schnitt einmal alle 5 Jahre auf, in der zweiten treten sie im Schnitt bereits jedes Jahr auf. (Quelle: Formayer 2012, Daten: ZAMG)

traten in der Periode 1981 bis 2010 im Schnitt bereits jedes Jahr auf. Tagen mit Temperaturen über 30 °C treten an der Station Wien Hohe Warte mit vergleichbarer Wahrscheinlichkeit etwa 15 Tage früher im Jahr auf. Im Jahr 2013 wurde erstmals eine Temperatur über 39 °C in Wien registriert.

In der Periode 1985–2005 stieg in Wien die Zahl der Nächte, in denen die Temperatur nicht unter 16 °C sank, gegenüber der Periode 1961–1990 von 30 auf 40 Nächte. Da die nächtliche Abkühlung während Hitzeperioden ein wesentlicher Erholungsfaktor für den Menschen ist, bedeutet diese Entwicklung eine zusätzliche Belastung.

Für die Zukunft ist mit einer weiteren Erhöhung von Intensität und Häufigkeit der Hitzewellen zu rechnen. Nach Modellberechnungen sind in Wien im Mittel ca. 35 Tage mit Temperaturen über 30 °C, in heißen Jahren rund 60 Tage gegen Ende des Jahrhunderts zu erwarten. Hitzeperioden mit sehr warmen Nächten könnten sich bis Ende des Jahrhunderts sogar gegenüber der Periode 1960–1990 verzehnfachen. Der primäre Anstieg ist in der zweiten Hälfte des Jahrhunderts zu erwarten. Der Heizbedarf in Wien wird infolge des Klimawandels um etwa 30% sinken, dafür steigt der Kühlbedarf um mehr als einen Faktor 2,5 bis Ende des Jahrhunderts.

Anpassungsmaßnahmen an den Klimawandel

Erhöhung der städtischen Parkflächen und Wasserflächen oder klimafreundlich veränderte Bebauungsstrukturen könnten die Zahl der zu erwartenden Hitzetage in der Stadt reduzieren. Solche städtebaulichen Maßnahmen sollten möglichst früh in die Planung einfließen, da sie später oft schwer umsetzbar sind. Leider ist das noch nicht gängige Praxis, wie die Planung für den neuen Hauptbahnhof in Wien zeigt.

Gute Wärmedämmung der Gebäude und ausreichend Verschattungsmöglichkeiten sind wesentlich, um Hitzeperioden in Gebäuden erträglicher zu machen. Betrachtet man Fotos der neueren Gebäude, zweifelt man, dass die Botschaft des Klimawandels die Architekten bereits erreicht hat.

Jedenfalls steht Wien vor großen Herausforderungen. Technologische Neuerungen allein werden die Probleme nicht lösen. Aber Wien hat gute Voraussetzungen, in der notwendigen Transformation zu einer ressourcenschonenden, nachhaltigen Gesellschaft zu bestehen.

Über Einzelobjekte kann man durch Begrünung von Dach-, Fassadenflächen und Straßenraum zur Reduktion von Oberflächentemperaturen beitragen oder mit hellen Oberflächen die Reflexion erhöhen und dadurch die Wärmespeicherung reduzieren. Vereinzelt findet man Ansätze dazu in Wien, aber es müsste noch wesentlich mehr getan werden, um einen spürbaren Effekt zu erzielen.

Links: Fernwärmewerk Spittelau im 9. Bezirk.
Eine Müllverbrennungsanlage ist zuallererst eine rein technische Einrichtung, aber nicht so in Wien-Spittelau. Der grünorientierte Künstler Friedensreich Hundertwasser bekommt den Auftrag, das Gebäude, wie es spöttisch heißt, zu behübschen. So entsteht eine vielbeachtete Symbiose zwischen Technik, Ökologie und Kunst. Die Anlage beheizt 60.000 Haushalte. Der CO_2-Ausstoß betrug 2009 26.593 Tonnen.

Jänner 2014: Am Bildschirm stehen Tausende Fotos zur Auswahl. Konfrontiert mit der Idee, ein kontroversielles Panorama der Stadt Wien zu erarbeiten.

Autorinnen und Autoren sind eingeladen, entsprechende Texte zu verfassen. Höchst engagiert legen sie alsbald sehr treffende Essays vor, die mein Bildmaterial erörtern und bereichern.

Als Bildautorin sah ich mich veranlasst, ältere digitale Aufnahmen mit geringer Pixelanzahl durch aktuellere, hoch aufgelöste Fotos zu ersetzen. Es kommt einerseits dem Konzept und andererseits der Druckqualität zugute.

Der Styria Verlag wird für das Werk unser Partner und bringt es in den Buchhandel.

Selbstverständlich danke ich besonders den Damen und Herren, die die Beiträge verfasst haben: Otto Brusatti, Hermann Friedsam, Hermann Knoflacher, Hans Knoll, Johannes Kräftner, Helga Kromp-Kolb, Martina Kuso, Gerhart Langthaler, Gustav Peichl, Hans Petschar und Rudolf Zunke.

Des Weiteren dem Verlagsleiter Dr. Johann Sachslehner, sowie den beiden Lektorinnen, Dr. Theresia Klugsberger und Mag. Bettina Langthaler, die sich um die Richtigkeit aller Einzelheiten bemüht haben.

Allen, die am Entstehen der vielschichtigen Publikation beteiligt waren, gilt mein herzlicher Dank.

Schließlich allen Fachleuten, die die Produktion besorgten.

Mein Dank gilt Gerhart Langthaler für Konzeption und Gestaltung, und ganz besonders meiner Assistentin Andrea Maier-Rau, die die Bildbearbeitung und Umsetzung in die Druckvorstufe hervorragend erarbeitet hat.

Margret Wenzel-Jelinek

Wien, im Juli 2014

Blickrichtung Dank

Dr. Otto Brusatti

KR Hermann Friedsam

Em. O. Univ. Prof. DI Dr. Techn. Hermann Knoflacher

Architekt, Galerist Hans Knoll

Geb. 1948. Autor, Regisseur, Medienmacher. Leitete Jahre hindurch die Musiksammlung der Stadt Wien und unterrichtet an der Universität Wien (Vergleichende Ästhetik) und Musikuniversität (Kultur und Medien). Festival- und Neue-Musik-Intendant. Internationale Großausstellungen (Eros, Mozart, Schubert, Strauß), und Filmproduktionen (u.a. Schubert, Freud, Strauß, Expeditionen), Live-Moderator (vor allem von Ö1) – Hörspiele und Hörstücke. Theaterarbeiten: jüngst Lulu (Wedekind), Medea, (nach antiken Vorbildern), Reigen (nach Schnitzler), Lohengrin. Veröffentlichte selbstständig über 40 Bücher (zu Musikthemen, Lyrik, zuletzt die beiden Romane „Fest auf A. Ein Franz-Schubert-Roman", 2013 und „Im Jahr der Sünden", 2014)

Geb. 1943 in Wien. Bis 2003 Director bei General Motors Austria. Speditionskaufmann, 1963 General Motors Austria Abt. Verkehr und Zoll, div. leitende Positionen bei Einkauf und Logistik für Österr. und Reformländer. Kurzstudium für Exportmanagement an Wirtschaftsuni Wien. 1984 Amerikaaufenthalt: Studie „Materialwirtschaft, Vergleich Europa – USA". 1991: Geschäftsführer der Opel Austria Wien. Seit 1998: Vortragender an der Donau Univ. Krems. Träger des Goldenen Ehrenzeichens der Republik Österreich; Ernennung zum KR. 2000: Geschäftsführer der Opel Austria Powertrain GmbH. Geschäftsführer der GM-Fiat Worldwide Purchasing Opel Austria GmbH. Verleihung des Silbernen Ehrenzeichens der Stadt Wien. 2001: Unternehmensberater. Seit 2009 als Fremdenführer in Wien und NÖ unterwegs.

Geb. in Villach. Studium Bauingenieurwesen, Geodäsie. Karoline und Guido Krafft-Medaille, 1972 Ernennung Hochschuldozent, Ordinarius Institut für Verkehrsplanung TU Wien, Vorstand Inst. für Straßenbau, Verkehrsplanung und Verkehrswesen, Lehrtätigkeit an Boku, zahlreichen ausländischen Univers. in Europa, Japan, Gastvorträge USA, Ingenieurbüro für Forschung und Beratung von Gemeinden, Ländern und Unternehmen, Fachberater für Verkehrsminister, Vorsitzender OECD Forschungsgruppe Verkehr, Mitglied Europ. Akad. für Wissenschaft und Kunst, über 500 wissensch. Publikationen, 9 Buchveröffentlichungen zum Thema Verkehrsplanung, Planung und Realisierung zahlreicher Verkehrskonzepte im In- und Ausland, Grundlagenforschung Verkehrswesen, praktische Forschungsanwendung seit über 40 Jahren.

Lebt in Wien und Budapest. Galerist in Wien seit 80er Jahren, seit 1989 in Budapest; 1995-1999 Ausbildner Kulturmanagementseminare in Wien, Vilnius, Bukarest. 1999 Herausgeber Buch „Die zweite Öffentlichkeit - Kunst in Ungarn im 20. Jahrhundert"; seit 1990 Organisator von Kunstreisen nach Prag, Budapest, Bratislava, Moskau, St. Petersburg, Bukarest, etc.; 2000 österr. Kulturbeauftragter, EXPO 2000 Hannover, 2002-2005 Vorsitzender Verband österr. Galerien moderner Kunst. Seit Oktober 2006 Lehrbeauftragter Musikuniversität Wien; 2014 Organisation von SAY IT – Ausstellungsreihe mit Diskussionen zu Ukraine, Russland, Ungarn, Serbien, Griechenland, USA, gemeinsam mit Anna Khodorkovskaya und Anastasiya Yarovenko.

Dr. Johann Kräftner | **O. Univ. Prof. Dr. Helga Kromp-Kolb** | **Mag. Martina Kuso** | **Komm. Designer Gerhart Langthaler**

Geb. 1951. Studierte Architektur, Spezialisierung Kunstgeschichte und Konservierung. Dissertation über österr. Bürgerhaus und seine Typen. Nach Studienabschluss Eintritt in die TU Wien, ab 1998 Leiter des Inst. für architekt. Gestaltungslehre.
Ab 2002 Direktor des Liechtenstein Museum und der Fürstlichen Sammlungen in Vaduz, seit 2011 Direktor der Sammlungen des Fürsten von und zu Liechtenstein, Vaduz–Wien. Verfasser zahlreicher Monographien (Geschichte und Theorie der Architektur), veröffentlichte Artikel über Architektur und Umwelt in in- und ausländischen Medien.
2012: Publikation „Gartenparadiese". Frühjahr 2015 Publikation über das Stadtpalais Liechtenstein in Wien, Herbst 2015 Publikation über die Architektur des Klassizismus und Biedermeier.

Geboren in Wien, aufgewachsen in Frankreich, Luxemburg, Indien, Pakistan und Österreich. Studium an der Univ. Wien; Prof. für Meteorologie und Leiterin des Zentr. für Globalen Wandel und Nachhaltigkeit der Universität für Bodenkultur, Wien. Forschungsschwerpunkte: Klimawandel und Umweltmeteorologie. In Vorträgen und Medienauftritten Einsatz für universitäre und außeruniv. Bildung zur Nachhaltigkeit und für Paradigmenwechsel in den Universitäten und der Gesellschaft in Richtung Zukunftsfähigkeit. Mitglied einer Reihe wissenschaftlicher Beratungsgremien, z.B. Forum für Atomfragen, Expertenbeirat des Klima- und Energiefonds und wissensch. Beirat des Potsdam Institutes für Klimafolgenforschung.
2006: Goldenes Ehrenzeichen für Verdienste um das Land Wien; und andere Ehrungen.

Bisher in Wien, Salzburg und Hong Kong als Kultur- und Medienmanagerin tätig.
Nach dem Abschluss als Tourismus-Kauffrau mit Schwerpunkt Tourismus- und Freizeitmanagement Studium Publizistik und Germanistik an der Uni Wien.
Nach Aufenthalt in Asien Marketingleiterin für das britische Magazin „The Economist", Abschluss Kulturmanagement als „Master of Arts and Media" in Salzburg und der Kepler Uni Linz.
Nach jahrelanger Erfahrung im Bereich Museumsmanagement am Museum der Moderne in Salzburg und im Wien Museum leitet die gebürtige Burgenländerin und Wahlwienerin nun die Unternehmenskommunikation der Wiener Stadthalle, dem größten Veranstaltungszentrum Österreichs mit rund 300 Veranstaltungen jährlich.

Trainer und Coach für system. Persönlichkeitsentwicklung.
Mitbegründer und Vortragender an der New Design University. Konzeptionist, Gestalter und Verleger zahlreicher Bücher. Marketing und Werbeberater bei Verlag Fritz Molden. Verleger bei Kremayr & Scheriau, Publikation z.B. der Werke von Hugo Portisch, Österreich I & II, Georg Riha, Alfred Komarek: Vogelschau Österreich, Bruno Kreisky Memoiren. Herausgeber der Werke von M. Wenzel-Jelinek „Große Sänger", „Kapital Wald".
Eigener Verlag: Wolfhart Preise für ‚Schönste Bücher Österreichs'.
Drehbuch für Dokumentarfilm: Die Sieger und der Gewinner. Autor zahlreicher Texte.
Künstlerische Tätigkeit als Maler und Grafiker: Ausstellungen im In- und Ausland.
Lebt und arbeitet in Wien

O. Univ. Prof. DI Gustav Peichl

Geb. in Wien. Meisterschule Prof. Clemens Holzmeister an Akademie der bildenden Künste Wien (ABK), Preis der Stadt Wien für Architektur, Großer Österr. Staatspreis, Leiter Meisterschule für Architektur an ABK, Reynolds Memorial-Award, USA, steir. Architekturpreis, Mies van der Rohe-Preis, Rektor ABK, Berliner Architekturpreis, seit 1991 Atelier Peichl & Partner, Gold. Ehrenzeichen für Verdienste um das Land Wien, Großer Sudetendeutscher Kulturpreis, Auszeichnung zum deutschen Architekturpreis, Honorary Fellow of the American Institute of Architects, Großes Verdienstkreuz des Verdienstordens Deutschland, Großes Gold. Ehrenzeichen für Verdienste um die Rep. Ö, Ehrenmedaille Wien, Politischer Karikaturist (IRONIMUS), Mitglied österr. Kunstsenat, Ehrenmitglied Akad. der Künste Berlin, Ehrenmitglied Royal Institute of British Architects.

Dr. Hans Petschar

Geb. in Kärnten. Studium Geschichte und Deutsche Philologie Univ. Salzburg. Leitung mehrerer Projekte zur Digitalisierung des kulturellen Erbes an der Österreichischen Nationalbibliothek (ÖNB). 2002: Direktor des Bildarchivs der ÖNB, 2010: Direktor Bildarchiv und Grafiksammlung. Offiz. Repräsentant der ÖNB in der Conference of European National Librarians CENL (seit 2002) und Mitglied Management Committee der European Library (seit 2009). Zahlreiche Publikationen zur Österr. Geschichte, Buch- und Bibliotheksgeschichte, Kulturgesch. und Semiotik, zuletzt »Altösterreich. Menschen, Länder und Völker in der Habsburgermonarchie« (2011), (Hg.): »Die Porträtsammlung Kaiser Franz' I.« 2011. Leiter zweier FWF-Projekte (Fonds zur Förderung der wiss. Forschung) zur Familien-Fideikommissbibliothek des Hauses Habsburg-Lothringen.

Ing. Mag. Rudolf Zunke

Matura in der Fachrichtung Tiefbau an der Camillo Sitte Lehranstalt – Höhere Technische Bundeslehr- und Versuchsanstalt in Wien Erdberg. Erste Erfahrungen bei internationalem Baukonzern, danach Magistrat der Stadt Wien, Koordination von größeren technischen Infrastrukturprojekten für mehrere Jahre. Nebenberuflich Studium Universität Wien: Geschichte, Politikwissenschaften und Publizistik. Dipl.-Arbeit Stadtplanungsstrategie Wiens in der Wiederaufbauära nach dem 2. WK, Hochschullehrgang Öffentlichkeitsarbeit an der Uni Wien, internationale Erfahrung durch Praktika bei Europäischen Komm. Brüssel. Nach Studium Wechsel in die Magistratsdirektion-Baudirektion der Stadt Wien, für strategische Fragen der Stadtplanung Wiens verantwortlich. Koordinator für das UNESCO-Weltkulturerbe „Historisches Zentrum von Wien".

Literaturverzeichnis

Achleitner, Friedrich (1980–2010): Österreichische Architektur im 20. Jahrhundert. Ein Führer in vier Bänden. Residenz Verlag Salzburg und Wien.

Formayer, H., Haas, P., Hofstätter, M., Radanovics, S., Kromp-Kolb, H. (2007): Räumlich und zeitlich hochaufgelöste Temperaturszenarien für Wien und ausgewählte Analysen bezüglich Adaptionsstrategien. Endbericht einer Studie im Auftrag der Wr. Umweltschutzabteilung – MA 22, Stadt Wien gemeinsam mit der MA 27 - EU-Strategie und Wirtschaftsentwicklung., pp. 82.

Gerersdorfer T., Formayer H., Moshammer H., Frank A., Haas P., Leitner B. (2006): Untersuchung zur nächtlichen Abkühlung in einem sich ändernden Klima. Wien, im November 2006. StartClim2005.A1b. Teilprojekt von StartClim2005 „Klimawandel und Gesundheit".

Kromp-Kolb H., Formayer H., Clementschitsch L. (2007): Auswirkungen des Klimawandels auf Wien unter besonderer Berücksichtigung von Klimaszenarien. Im Auftrag der Mag. Direktion der Stadt Wien - Klimaschutzkoordination.

Moshammer H., Gerersdorfer T., Hutter HP., Frank A.: Einflüsse von Tages- und Nachttemperaturen auf die tägliche Sterblichkeit in Wien. 10. Österr. Klimatag „Klima, Klimawandel und Auswirkungen", Wien, 13./14.3.2008

Mursch-Radlgruber E., Trimmel H., Gerersdorfer T. (2009): Räumliche Differenzierung der mikroklimatischen Eigenschaften von Wiener Stadtstrukturen und Anpassungsmaßnahmen. Ergebnisse kleinklimatischer Messungen. Teil 2 der Studie „Räumlich und zeitlich hoch aufgelöste Temperaturszenarien für Wien und ausgewählte Analysen bezüglich Adaptationsstrategien." Wiener Umweltschutzabteilung (MA 22), EU-Strategie und Wirtschaftsentwicklung (MA 27), 91

Prettenthaler, F. und A. Gobiet (Hg.) (2008): Heizen und Kühlen im Klimawandel - Teil 1. Erste Ergebnisse zu den künftigen Änderungen des Energiebedarfs für die Gebäudetemperierung. Studien zum Klimawandel in Österreich, Band 2. Verlag: VÖAW, 142 pp. http://verlag.oeaw.ac.at/products/Sachgebiete/Stadt-u-Regionalforschung/Heizen-und-Kuehlen-im-Klimawandel-Teil-1.html

Ritter, M., B. Ohr und B. Gugele (1999): Luftschadstofftrends in Österreich 1980 – 1998. UBA Bericht BE-165. Umweltbundesamt Wien.

Schmittner, W. (1999): Wiener Luftgütebericht 1987 bis 1998. Magistrat der Stadt Wien, Magistratsabteilung 22 – Umweltschutz, MA 22-2015/99.

Steinhauser, F., Eckel, O. und F. Sauberer (1955): Klima und Bioklima von Wien. Eine Übersicht mit besonderer Berücksichtigung der Bedürfnisse der Stadtplanung und des Bauwesens. Teil 1: Ergebnisse der langjährigen Messreihen an der Zentralanstalt für Meteorologie und Geodynamik in Wien, Hohe Warte. Wien, Österreichische Gesellschaft für Meteorologie, Wien.

Abbildungsverzeichnis

Titel	13. 11. 2007	Morgenstimung Florido Tower (21. Bezirk), und Millennium Tower (20. Bezirk)
Vorsatz links	09. 04. 2014	Hotel Schloss Wilhelminenberg (16.)
	23. 02. 2008	Kirche St. Leopold am Steinhof (14.)
	28. 11. 2012	Westbahnhof, Stadthalle (15.), Lazaristenkirche (7.)
	18. 05. 2007	Schloss Schönbrunn, dahinter Pfarrkirche Maria Hietzing (13.)
	13. 07. 2011	Wienerberg City (10.)
	13. 07. 2011	Wasserturm Favoriten (10.)
Vorsatz rechts	10. 01. 2007	St. Leopolds-Kirche (19.)
	06. 11. 2012	Florido Tower (21.), Millennium Tower (20.)
	16. 12. 2010	Haus des Meeres (6.), Allgemeines Krankenhaus Wien (AKH, 9.), Kahlenberg (19.)
	19. 09. 2013	Allgemeine Unfallversicherungsanstalt (AUVA, 20.)
	07. 01. 2007	Fernwärmewerk Spittelau (9.), Wiener Rathaus (1.), Votivkirche (9.)
	18. 05. 2014	Blickrichtung Donau City
	12. 01. 2014	Bürohochhaus „Hoch Zwei" (2.), Russisch-orthodoxe Kirche (3.)
	07. 12. 2012	Stephansdom (1.)
	25. 06. 2013	Donaustadtbrücke (22.), Herz-Jesu-Kirche, 3.)
	13. 07. 2011	Hochhaus Matzleinsdorfer Platz (5.)
	10. 01. 2014	Zentralbahnhof (10.) im Bau
Seite 7	31. 05. 2013	Abendstimmung Richtung Stephansdom
Seite 8/9	28. 02. 2007	Regenbogen Richtung Hofburg
Seite 10/11	13. 02. 2014	Morgenstimmung Richtung Karlskirche
Seite 12/13	10. 01. 2014	Abendst. Wienerberg City (10.)
Seite 14/15	14. 02. 2014	Abendstimmung Richtung Donau
Seite 17	15. 01. 2013	Rektoratskirche St. Peter, Augustinerkirche, Dach des Hanuschhofs (alles 1. Bezirk)
Seite 18	04. 11. 2007	Oben: Kindergartenkinder (5.)
Seite 18	13. 05. 2009	Unten: Veranstaltung am Hochhaus am Matzleinsdorfer Platz (5.)
Seite 19	11. 01. 2007	Kindergartenkinder (5.)
Seite 20/21	14. 11. 2007	Kindergartenkinder (5.)
Seite 22	21. 05. 2007	Häuserschlucht Kohlgasse (5.)
Seite 24	19. 09. 2013	Mariahilfer Kirche (6.)
Seite 25	15. 12. 2012	Abendstimmung zw. Rathaus und Hofburg
Seite 27	18. 12. 2006	Stephansdom, Turm verhüllt während Restaurierung (1.)
Seite 28	11. 07. 2007	Turm des Stephansdom, verhüllt während Restaurierung (1.)
Seite 29	30. 09. 2007	Stephansdom mit Ballons (1.)
Seite 30	06 12. 2012	Dach des Stephansdoms (1. Bezirk) im Hintergrund Raiffeisen-Holding Hochhaus (2.)
Seite 31	07. 12. 2012	Bürogebäude (4.), Stephansd. (1.)
Seite 32	31. 05. 2007	Votivkirche (9.) bei Nacht
Seite 32/33	28. 11. 2013	Millennium Tower, (20.), Florido Tower (21.) und Stephansdom (1.) bei Nacht © Andrea Maier-Rau
Seite 34/35	15. 01. 2014	Kirche Maria am Gestade (1.), Leitturm Augarten (2.), Augustinerkirche und Peterskirche (1.), Florido Tower (21.) und Millennium Tower (20.) bei Nacht © Andrea Maier-Rau
Seite 37	10. 02. 2014	Pfarre St. Joseph ob der Laimgrube (6. Bezirk)
Seite 38	28. 09. 2007	Karlskirche (4.) dah. Donaut. (22.)
Seite 39	31. 12. 2006	Uniqa Tower (2.), Karlskirche (4.), Donauturm (22.)
Seite 40/41	14. 02. 2014	Galaxy Tower, Uniqa Tower (2.)
Seite 42	26. 11. 2013	Oben: Chemiehochhaus der TU Wien (6.), Hofburg (1.), dahinter Ringturm und Michaelerkirche (1.), Gefechtsturm Augarten (2.)
Seite 42	25. 01. 2014	Unten: Chemiehochhaus TU Wien (6.), Hofburg (1.), dahinter Ringturm, Michaelerkirche (1.), Gefechtsturm Augarten (2.)
Seite 42	28. 01. 2007	Chemiehochhaus der TU Wien (6.), Hofburg (Kuppel Michaelertrakt 1.), dahinter Wohnturm Höchstädtplatz (20.), Gefechtsturm Augarten (2.)
Seite 44/45	19. 05. 2014	Zw. Hofburg und Millennium Tower
Seite 46/47	20. 08. 2008	Chemiehochhaus der TU Wien (6.), Hofburg (1.), dahinter Wohnturm Hochstädtplatz (20.), Gefechtsturm Augarten (2.), Ringturm und Michaelerkirche (1.)
Seite 48	15. 08. 2011	Ringturm, verhüllt und Michaelerkirche (beides 1.)
Seite 48	15. 06. 2008	Ringturm, verhüllt und Michaelerkirche (beides 1.)
Seite 48	26. 05. 2007	Ringturm, verhüllt und Michaelerkirche (beides 1.)
Seite 49	10. 01. 2014	Hofburg, Ringturm und Michaelerk. (alles 1.) dahinter Gefechtsturm Augarten (2.)
Seite 50	07. 12. 2012	Naturhistorisches Museum (NHM) und Burgtheater (1.)
Seite 51	25. 12. 2013	Kunsthistorisches Museum (KHM, 1.)
Seite 52/53	13. 01. 2014	NHM, Burgtheater, KHM (1. Bezirk), davor Wienzeilen-Häuser (6.)

Seite	55	12. 03. 2014	Kuppel des Generali-Gebäudes (1.)
Seite	56/57	19. 09. 2013	Fernwärmewerk Spittelau (9.), Wiener Rathaus (1.), Votivkirche (9.), St. Josef ob der Laimgrube (6.)
Seite	58	27. 12. 2011	Wiener Rathaus (1.)
Seite	59	25. 12. 2013	Votivkirche (9.)
Seite	60	29. 05. 2007	Vorne: Kirche Unserer Lieben Frau zu den Schotten, dahinter Jesuitenkirche, links daneben Franziskanerkirche (1.), im Hintergrund: Kuffner Sternwarte (16. Bezirk)
Seite	61	16. 09. 2012	Vorne: Kirche Unserer Lieben Frau zu den Schotten, dahinter Jesuitenkirche, links daneben Franziskanerkirche (1.), dahinter Hotel Sofitel Vienna Stephansdom (2.), im Hintergrund: Kuffner Sternwarte (16.)
Seite	62	05. 07. 2007	Versicherungsanstalt für Eisenbahnen und Bergbau (6.)
Seite	63	02. 01. 2014	Oben: Wienzeilenhäuser (6.)
Seite	63	02. 01. 2014	Unten: Majolikahaus (6.)
Seite	64	29. 05. 2007	Rektoratskirche St. Peter, Augustinerkirche, Dach des Opernringhofs (alles 1. Bezirk)
Seite	65	12. 05. 2007	Karlskirche (4.)
Seite	67	31. 12. 2012	Smog zwischen Augustinerkirche (1.) und Millennium Tower (20.)
Seite	68	08. 10. 2013	Wiener Dachlandschaft
Seite	68	08. 04. 2013	Wiener Dachlandschaft
Seite	69	20. 04. 2007	Wiener Dachlandschaft, Gemeindebau Spengergasse (5.)
Seite	70	16. 12. 2010	Schnee in Wien, Dachlandschaft
Seite	71	17. 11. 2007	Schnee in Wien, Dachlandschaft, Pfarrkirche Neumargareten (12.)
Seite	72/73	14. 02. 2014	Panorama Richtung Donau
Seite	74	17. 12. 2012	Burgtheater (1.)
Seite	75	30. 07. 2007	Wiener Praterstadion (2.)
Seite	76/77	25. 12. 2013	Kirche Maria am Gestade (1.), dahinter Rivergate Bürokomplex (20.), Leitturm Augarten (2.), Augustinerkirche, Peterskirche und Dach des Opernringhofs (alles 1.)
Seite	78	25. 04. 2007	Kirche Maria am Gestade (1.), Leitturm Augarten (2.), Augustinerkirche, Peterskirche und Dach des Opernringhofs (alles 1.)
Seite	79	25. 12. 2013	Kirche Maria am Gestade (1.), dahinter Rivergate Bürokomplex (20. Bezirk)
Seite	81	25. 12. 2013	Kirche Maria am Gestade (1.)
Seite	82	15. 01. 2014	Karlskirche (4.), Donauturm (22.)
Seite	83	09. 03. 2014	Funkturm Wien-Arsenal (3.)
Seite	86/87	21. 01. 2014	U-Bahnbrücke U6 kurz vor Station Gumpendorfer Straße (6./15.)
Seite	88/89	01. 03. 2014	Links: Kirche Maria Königin der Märtyrer (Rudolfsheimer Pfarrkirche,15.), rechts Zentralberufsschule (6.) bei Nacht
Seite	90/91	09. 03. 2014	Uniqa Tower (2.) bei Nacht
Seite	92	18. 10. 2013	Döbling mit Leopoldsberg (19.)
Seite	93	29. 05. 2007	Wiener Staatsoper (1.)
Seite	94	16. 01. 2013	Schloss Schönbrunn, dahinter Pfarrkirche Maria Hietzing (13.)
Seite	95	21. 01. 2014	Kathedrale zum Heiligen Nikolaus (russisch-orthodoxe Kirche, 3.)
Seite	96	27. 03. 2014	Park und Spielplatz (5.)
Seite	97	15. 01. 2014	Häuserschlucht Kohlgasse (5.) bei Nacht © Andrea Maier-Rau
Seite	98	24. 04. 2014	Musikanten im 5. Bezirk
Seite	99	18. 10. 2013	Stiftskirche Zum heiligen Kreuz (7.)
Seite	100	16. 04. 2014	Votivkirche (9.)
Seite	101	05. 07. 2007	Musikvereinsgebäude (dahinter Hotel Imperial, 1.)
Seite	104/105	18. 10. 2013	Zwischen Kahlenberg und Leopoldsberg (19.)
Seite	106	29. 04. 2014	Haus des Meeres (6.), Allgemeines Krankenhaus Wien (AKH, 9.), Kahlenberg (19.)
Seite	107	23. 12. 2008	AKH Wien (9.)
Seite	108	08. 12. 2012	Vorne: Canisiuskirche (9.), hinten: Kirche zur Hl. Familie (Karmelitenkloster 19.)
Seite	109	05. 10. 2012	Allgemeine Unfallversicherungsanstalt (AUVA, 20.)
Seite	110	22. 06. 2007	Mariahilfer Kirche, Appollo-Kino (6.)
Seite	111	07. 03. 2013	Kirche St. Josef zu Margareten (Sonnhofkirche) Austria Trend Hotel Ananas (beide 5. Bezirk)
Seite	112	29. 05. 2007	Wiener Dachlandschaft, oben
Seite	112	01. 05. 2007	Wiener Dachlandschaft, unten
Seite	113	23. 04. 2007	Wiener Dachlandschaft
Seite	114	06. 06. 2007	Wiener Dachlandschaft, links
Seite	114	08. 06. 2007	Wiener Dachlandschaft, rechts
Seite	115	13. 12. 2013	Kirche Zum hl. Aedygius (Gumpendorfer Pfarrkirche, 6.)
Seite	116	10. 01. 2014	Wiener Dachlandschaft, links
Seite	116	01. 12. 2013	Wiener Dachlandschaft, oben
Seite	116	10. 01. 2014	Wiener Dachlandschaft, unten
Seite	117	28. 01. 2007	Gemeindebau (5.)
Seite	118	16. 11. 2007	Schneebedeckter Park (5.)
Seite	118	16. 11. 2007	Schneebedeckter Innenhof (5.)
Seite	118	23. 02. 2013	Schneebedeckter Baum (5.)
Seite	119	17. 11. 2007	Häuserschlucht Kohlgasse (5.) im Schnee

Seite	120	10. 01. 2014	Parrgemeinde Zur Unbefleckten Empfängnis (Lazaristenkirche, 7.)
Seite	121	26. 12. 2006	„Stafa" (7.)
Seite	122	13. 01. 2007	Wiener Stadthalle (15.)
Seite	123	26. 06. 2014	Wiener Westbahnhof (15.)
Seite	124	22. 06. 2007	Kirche Maria vom Siege (Fünfhauser Pfarrkirche, 15.)
Seite	125	27. 03. 2013	Maria vom Siege (15.) im Schnee
Seite	128	19. 09. 2013	Vordergrund: Wien Energie Flötzersteig (Fernwärme, 16.), Kirche St. Leopold am Steinhof (14.)
Seite	129	24. 07. 2010	Hotel Schloss Wilhelminenberg (16. Bezirk)
Seite	130	28. 12. 2013	Kirche zum Hl. Klemens Maria Hofbauer (Gatterhölzl, 13.)
Seite	130	28. 01. 2007	Gemeindebau (14.), im Hintergrund Karl Holoubek Hof (15.)
Seite	131	16. 06. 2014	Gerhard Hanappi Stadion (14.)
Seite	131	28. 12. 2013	Gemeindebau
Seite	132	18. 05. 2007	ORF-Zentrum Küniglberg (13.)
Seite	133	26. 06. 2014	Vordergrund: U4 Center (U-Bahnstation Meidlinger Hauptstraße, 12.), Schloss Schönbrunn, dahinter Pfarrkirche Maria Hietzing und Pfarrkirche Ober St. Veit (alles 13.)
Seite	134	16. 01. 2013	Amtshaus Hietzing (13.) im Schnee
Seite	135	20. 12. 2009	Kirche Hl. Johannes v. Nepomuk (Meidlinger Pfarrkirche) und Diagnosezentrum Meidling (12.)
Seite	137	28. 02. 2014	Stephansdom (1.) bei Nacht
Seite	138	02. 05. 2014	Hochhaus am Matzleinsdorfer Platz (5. Bezirk)
Seite	139	10. 01. 2014	Wiener Dachlandschaft
Seite	140	25. 12. 2006	Zwischen Rathaus und Naturhistorischem Museum (NHM)
Seite	141	31. 12. 2006	Vienna International Center im Nebel (22.)
Seite	141	31. 12. 2006	Millennium Tower (20.) im Nebel
Seite	142/143	08. 05. 2005	Abendstimmung Funkturm (3.)
Seite	144	25. 06. 2013	Richtung Donau
Seite	145	25. 06. 2013	Richtung Donau, Mexikokirche (2.)
Seite	146/147	17. 02. 2014	Panorama Donau / Zentralbahnhof
Seite	150/151	07. 02. 2011	Abendstimmung Richtung Donau
Seite	152	24. 03. 2009	Abendstimmung Richtung Donau
Seite	152/153	29. 12. 2013	Morgenstimmung Richtung Donau
Seite	154	12. 01. 2014	Mischek Tower, Saturn Tower, Ares Tower in der Donaucity (22.)
Seit	155	06. 12. 2013	Mitte: City Tower Vienna (Justizzentrum Wien Mitte, 3.), rechts: Kirche zum hl. Franz von Assisi (Mexikokirche, 2.)
Seite	156	16. 09. 2012	Donau City Turm (DC Tower, 22.), links
Seite	156	06. 11. 2012	DC Tower (22.), rechts
Seite	157	29. 12. 2013	Hochhaus Neue Donau (Harry-Seidler-Turm, 22.)
Seite	158	25. 12. 2013	DC Tower (22.)
Seite	159	26. 12. 2012	DC Tower (22.) bei Nebel
Seite	162	05. 05. 2014	Wiener Dachlandschaft
Seite	165	03. 06. 2014	Wiener Dachlandschaft
Seite	166	21. 12. 2013	Wiener Dachlandschaft, oben
Seite	166	31. 12. 2013	Wiener Dachlandschaft, unten
Seite	167	17. 11. 2007	Wiener Dachl. im Schnee, oben
Seite	167	28. 01. 2007	Wiener Dachlandschaft, unten
Seite	169	26. 11. 2014	Wiener Dachlandschaft, es schneit
Seite	170	29. 04. 2013	Wiener Dachlandschaft, links oben
Seite	170	25. 06. 2013	Wiener Dachlandschaft, r. oben
Seite	170	13. 12. 2006	Wiener Dachlandschaft, links unten
Seite	170	28. 12. 2013	Wiener Dachlandschaft, r. unten
Seite	171	29. 05. 2009	Wiener Dachlandschaft
Seite	172	24. 10. 2012	Wiener Dachlandschaft, links oben
Seite	172	21. 08. 2013	Wiener Dachlandschaft, Mitte oben
Seite	172	19. 05. 2014	Wiener Dachlandschaft, r. oben
Seite	172	13. 12. 2011	Wiener Dachlandschaft, links unten
Seite	172	24. 02. 2012	Wiener Dachlandschaft, Mitte u.
Seite	172	15. 01. 2013	Wiener Dachlandschaft, r. unten
Seite	173	26. 11. 2012	Wiener Dachlandschaft
Seite	174	22. 05. 2007	Wiener Dachlandschaft, links oben
Seite	174	11. 03. 2007	Wiener Dachlandschaft, r. oben
Seite	174	07. 05. 2013	Menschen am Dach, links unten
Seite	174	07. 05. 2013	Menschen am Dach, rechts unten
Seite	175	22. 06. 2014	Wiener Dachlandschaft
Seite	176	07. 01. 2007	Wiener Dachlandschaft, oben
Seite	176	29. 01. 2014	Wiener Dachlandschaft, unten
Seite	177	02. 04. 2007	Wiener Dachlandschaft
Seite	178	18. 10. 2013	Wiener Dachlandschaft, links oben
Seite	178	17. 05. 2007	Wiener Dachlandschaft, r. oben
Seite	178	24. 06. 2014	Wiener Dachlandschaft, unten
Seite	179	15. 06. 2008	Wiener Dachlandschaft, oben
Seite	179	28. 05. 2014	Wiener Dachlandschaft, unten
Seite	180	24. 01. 2007	Mann am Dach
Seite	181	23. 01. 2007	Tauben am Dach, oben
Seite	181	18. 01. 2007	Tauben am Dach, unten
Seite	182	26. 08. 2007	Balkone, links
Seite	182	08. 12. 2006	Balkone, rechts
Seite	183	11. 07. 2007	Wiener Dachlandschaft
Seite	183	11. 07. 2007	Balkon
Seite	184	16. 04. 2014	ÖAMTC-Hubschrauber
Seite	184/185	30. 03. 2014	Park Hochhaus am Matzleinsdorfer Platz (5.)
Seite	186	10. 04. 2007	Park (5. Bezirk)
Seite	187	09. 06. 2007	Frau am Balkon
Seite	190	02. 03. 2008	Rinterzelt (22.)
Seite	190/191	17. 06. 2014	Donaustadtbrücke (22.)
Seite	192	09. 04. 2007	Heeresgeschichtliches Museum (HGM, 3.), oben
Seite	192	15. 09. 2012	HGM (3.), unten
Seite	193	10. 01. 2014	Praterturm (Vienna Starflyer, 2.)
Seite	194	06. 01. 2014	Bürohochhaus „Hoch Zwei" (2.)
Seite	194	12. 03. 2008	„Hoch Zwei" (2.), im Bau
Seite	195	03. 06. 2014	Vordergrund: Kloster der Heimsuchung Mariens (Salesianerinnenkloster) Hintergrund: Hauptverband der österr. Sozialversicherungsträger (3.)

Seite 196	19. 03. 2014	Kirche der Dienerinnen des heiligsten Herzen Jesu (Herz-Jesu Kirche, 3.)
Seite 197	21. 01. 2014	Kathedrale zum Heiligen Nikolaus (russisch-orthodoxe Kirche, 3.)
Seite 198	26. 04. 2014	St. Elisabeth Kirche (4.)
Seite 198/199	14. 06. 2013	Straßenschlucht Wiedner Hauptstraße zw. 4. und 5. Bezirk
Seite 200	24. 07. 2007	Rudolfstiftung, davor Oberes Belvedere (beides 3.)
Seite 200	04. 06. 2007	Wiener Praterstadion (2.)
Seite 201	22. 06. 2014	Rudolfstiftung, davor Oberes Belvedere (beides 3.)
Seite 202/203	13. 07. 2014	Zentralbahnhof (10.) im Bau (alle 3 Fotos)
Seite 204	09. 04. 2007	Südbahnhof (10.) vor Umbau
Seite 204/205	25. 02. 2014	Zentralbahnhof, Bahnhofsdach mit Schienen (10.)
Seite 206	22. 04. 2014	Zentralbahnhof (10.) im Bau, oben
Seite 206	15. 01. 2014	Zentralbahnhof (10.) im Bau, unten links
Seite 206	21. 08. 2013	Zentralbahnhof, Bahnhofsdach (10.) im Bau, unten rechts
Seite 207	26. 04. 2014	Zentralbahnhof, Bahnhofsdach (10. Bezirk)
Seite 207	01. 03. 2014	ÖBB Konzernzentrale (10.) im Bau
Seite 209	25. 02. 2014	Bahnorama Aussichtsturm (10.)
Seite 210	05. 02. 2008	T-Center St. Marx (T-Mobile Hauptquartier, 3.), oben
Seite 210	10. 07. 2007	Wiener Gasometer (11.), Mitte
Seite 210	08. 12. 2013	Columbus Center (10.), unten
Seite 211	21. 08. 2013	T-Center St. Marx (3.)
Seite 212	11. 03. 2007	ehem. Ankerbrotfabrik, heute Kunstplattform (10.)
Seite 213	13. 12. 2012	Büro / Wohngebäude (4.)
Seite 214/215	18. 06. 2014	Wohnhäuser, Kuppeln: Kraftwerk Simmering (Gas, Biomasse, Wasserkraft, Photovoltaik, 11.), im Hintergrund Hainburger Pforte
Seite 216	26. 01. 2007	Funkturm Wien-Arsenal (3.)
Seite 217	10. 09. 2013	Funkturm Wien-Arsenal (3.)
Seite 218/219	16. 01. 2011	Funkturm Wien-Arsenal (3.), Kraftwerk Simmering (Gas, Biomasse, Wasserkraft, Photovoltaik, 11.)
Seite 219	04. 01. 2010	Kraftwerk Simmering (Gas, Biomasse, Wasserkraft, Photovoltaik, 11.)
Seite 220	10. 01. 2014	Wohnhäuser (10.), oben
Seite 220	27. 06. 2014	Friedhof Matzleinsdorfer Platz (10.)
Seite 221	12. 05. 2007	Evangelische Pfarrgemeinde Wien Christuskirche (10.)
Seite 222	27. 06. 2014	Wasserturm Favoriten (10.)
Seite 222	10. 01. 2014	Abendstimmung Wienerberg City (10. Bezirk)
Seite 224	13. 07. 2011	Wienerberg City (10.)
Seite 225	27. 06. 2014	Wohnhochhaus (10.)
Seite 226/227	27. 06. 2014	Richtung Wasserturm Favoriten (10.)
Seite 228	10. 01. 2014	Philipshaus (10.)
Seite 228/229	10. 01. 2014	Richtung Wienerberg City (10.)
Seite 229	27. 06. 2014	Wohntürme Alt-Erlaa (23.)
Seite 221	11. 05. 2009	Wolken über Wien
Seite 232	16. 08. 2001	Oberflächentemperaturen Wien © MA 22, 2003
Seite 233	24. 07. 2007	Schönbrunn (13.) im Nebel
Seite 234	11. 07. 2007	Wien Umgebung, oben
Seite 234	29. 05. 2007	Wien Umgebung, unten
Seite 235	15. 08. 2008	Wien Umgebung
Seite 236	17. 06. 2014	Windränder Wien Umgebung
Seite 237	04. 09. 2012	Sonnenuntergang über Wien
Seite 238	22. 07. 2008	Sonnenuntergang über Wien, oben
Seite 238	06. 11. 2012	Sonnenaufgang über Wien, Mitte
Seite 238	16. 10. 2007	Sonnenaufgang über Wien, unten
Seite 239	07. 10. 2012	Sonnenuntergang über Wien
Seite 240/241	13. 06. 2009	Sonnenuntergang über Wien
Seite 241	21. 06. 2012	Sonnenuntergang über Wien
Seite 242/243	13. 01. 2007	Sonnenuntergang über Wien
Seite 244	Grafik	Zeitliche Entwicklung der mittleren Schwefeldioxidbelastung in Wien 1978–2012 © MA 22
Seite 245	ca. 1970	Schlechte Luft Stephansdom (1.)
Seite 246	30. 09. 2007	Fassade Wiedner Hauptstraße (5.)
Seite 247	Grafik	Häufigkeitsverteilung der maximalen Sommertemperaturen in Wien 1951–1980 © Formayer 2012, Daten: ZAMG
Seite 248	ca. 1970	Schlechte Luft Kraftwerk Simmering (11.)
Seite 248/249	ca. 1970	Schlechte Luft über Wien
Seite 249	24. 12. 2009	Schlechte Luft Spittelau (7.)
Seite 250	26. 12. 2012	Smog-Nebel über Wien
Seite 250/251	31. 13. 2012	Smog-Nebel über Wien
Seite 252/253	08. 04. 2012	Richtfunkturm am Exelberg bei Klosterneuburg (NÖ)
Seite 253	01. 12. 2012	St. Leopolds-Kirche (19.)
Seite 254	25. 06. 2014	Spiegelnde Sonne auf nassen Wiener Dächern
Seite 255	26. 05. 2014	Häuserschlucht Kohlgasse (5.) im Regen
Seite 256	28. 11. 2007	Fernwärmewerk Spittelau (9.)
Seite 257	13. 01. 2014	Feuer in Wiener Innenstadt
Seite 258/259	05. 12. 2012	Abendstimmung zw. Rathaus und Burgtheater (beide 1.)
Seite 260/261	27. 02. 2014	Wiedner Hauptstraße bei Nacht (5.)
Seite 262/263	01. 03. 2014	Donau City (22.) bei Nacht
Seite 264/265	01. 03. 2014	Zentralbahnhof (10.) im Bau bei Nacht
Seite 266/267	09. 07. 2014	Zentralbahnhof (10.) im Bau bei Nacht
Seite 268/269	11. 05. 2014	Verkehr in Wien (10.)
Seite 271	14. 07. 2014	Abendstimmung und Wolken über Wien
Rücktitel	16. 03. 2014	Karlskirche (4.) bei Nacht